「金融仲介機能のベンチマーク」と企業再生支援

金融検査マニュアルによる資産査定から事業性評価への大転換

小林勇治・筒井恵 編著

同友館

はじめに

　金融庁は，2016年9月に「金融仲介機能のベンチマーク」で5つの共通ベンチマークと50の選択ベンチマークを発表し，10月には「平成28年度金融行政方針」を発表した。その内容は，従来の検査マニュアル主導に対する反省と，新しい検査・監督に対する金融庁の方針を示すものであった。

　問題意識として，次の点が指摘されている。

① 従来の厳格な個別資産査定や法令遵守確認を中心とする検査・監督手法を機械的に継続すると，副作用を生むおそれがある。
② 金融をめぐる環境の変化への対応として，金融機関自身による主体的で多様な創意工夫をうながすためには，それに応じた新しい検査・監督の手法を工夫する必要がある。

　また，検査・監督に関する変化として，次の点があげられる。

① **形式から実質への変換**が求められ，規制の形式的な遵守（ミニマム・スタンダード）のチェックより，実質的に良質な金融サービスの提供（ベストプラクティス）を重視する。
② **過去から将来への視点**が求められる点では，過去の一時点の健全性の確認より，将来に向けたビジネスモデルの持続可能性等を重視する。
③ **部分から全体へ**鳥瞰することが求められる点では，特定の個別問題への対応に集中するより，真に重要な問題への対応ができているかを重視する。

　これは，従来の「金融検査マニュアル」による担保・資産査定検査，信用保証協会による保証付き融資に対する猛省であり，今後は将来に向けた**事業性評価**（目利き・定性情報分析とも表現されている）への変革を求めるものである。それらは共通ベンチマークに示されており，以下の3点をKPI（経過目標）

として，金融機関に求めていると考えられる。
① 取引先企業の経営改善や成長力の強化
② 取引先企業の抜本的事業再生等による生産性の向上
③ 担保・保証依存の融資姿勢からの転換

　金融庁の大転換とも受けとれるこのような方針は本来，金融機関が行うべき原点に戻ったともいえる。そこで，本書では，「金融仲介機能のベンチマーク」でも指摘されているように，共通ベンチマークや選択ベンチマークに単純に対応するのではなく，咀しゃくして実務的に使えることに重点を置いた。

　たとえば，新方針の要の1つである事業性評価について，その有効な手法を具体的に紹介している。「MMM（ミーコッシュ・マンダラ・マトリックス）メソッド」という，編著者の過去30年の診断支援体験や早稲田大学ビジネス情報アカデミー「IT・経営革新・企業再生実践講座」で講義している内容などを活かして体系化した，中小企業の診断・再生手法である。多岐・多様な「**金融仲介機能の発揮**」に応えるため，事業性評価と実務支援の双方の立場から記述している。

　本書では，「抜本再生」の概念と実務の範囲について，中小企業再生支援協議会等のそれよりも広くとらえ，国内金融機関による中小企業の事業再生を中心に，その処方箋を示した。再生支援事例では，単なるモニタリングではなく，民間経営体のビジネスモデルや業務モデルを策定支援した事例も紹介している。

　本書の執筆者たちは，東京都中小企業診断士協会所管の「中小企業再生支援研究会」のメンバーで，第一線で中小企業の事業再生に活躍している。その精鋭たちが，企業の99.7％を占める中小企業を対象に，事業再生で金融機関や支援機関がどのような具体策を行ったらよいかという視点から執筆した。

　第1章では，金融行政運営の変革が中小企業再生にもたらす変化について，第2章では，「金融仲介機能のベンチマーク」が求める，ライフステージ別・事業性評価とPDCAサイクルについて解説している。第3章では，中小企業の

事業性評価と再生支援の具体策を述べた。

　そして，第4章では，抜本再生の実践フォローアップを実務で応用できるよう，ライフステージ別事業性評価・フォローアップの再生支援事例を紹介している。実際に再生に成功した事例のほか，やむなく破綻したが，私生活においては再チャレンジしてハッピーに過ごしている事例もある。破綻を恐れず勇気をもって退出することも，企業の戦略であることを知ってほしいとの思いで取り上げた。

　本書で紹介している手法は，編著者が30年間の試行錯誤を経て練り上げたものだが，いまだ完璧なメソッドとはいえないと思っている。しかし，金融機関・再生支援機関およびコンサルタント等の支援の一助になることを期待すると同時に，中小企業の再生支援，地方創生に役立つことができれば望外の喜びとするものである。

　ここで，多くの企業先の勇気ある情報提供をしてくれた方々，金融機関，支援機関等，ご協力いただいた関係各位に深く感謝を申し上げたい。

　2017年4月
　　　　　　　　　　　　　　　執筆者を代表して　小林勇治・筒井　恵

◉目次◉

はじめに　iii

第❶章　新金融行政方針は金融機関・再生支援機関にどのような変化をもたらすか …………………………………… 1

1　新金融行政方針とはどのようなことか　2
2　「金融仲介機能のベンチマーク」は金融機関・支援機関に何を求めているか　6
3　新金融行政方針による再生支援機関への影響と多様化　16
4　経済産業省の「ローカルベンチマーク」　20
5　経営力向上計画における留意点　24
6　事業性評価と知的資産経営　29

第❷章　「金融仲介機能のベンチマーク」は事業性評価を求めている …………………………………… 35

1　事業性評価例としての「企業ドック診断MMMメソッド」　36
2　抜本改革のための企業再生戦略ビジョンを示せるか　51
3　抜本改革のためのビジネスモデル・業務モデルの提案で具体化できるか　60
4　抜本改革のための事業計画書の策定ができるか　66
5　抜本改革のための事業計画書でステークホルダーの同意を得られるか　73
6　抜本再生の実践フォローアップはこのように進める　80

第❸章　事業性評価と再生支援の具体策 ……………………………… 93

1 再生可能性の見きわめと再生手法の選択　94
2 事業デューデリジェンスはこのように進める　104
3 財務デューデリジェンスはこのように進める　113
4 金融調整でどのような合意を求めるか　119
5 ローカルベンチマークを活かしたPDCAの進め方　131
6 DIPファイナンスの活用の仕方　140

第❹章　ライフステージ別事業性評価・フォローアップの再生支援事例 ……………………………………………… 145

1 企業再生ステージ　―製造業の実践支援事例―　146
2 企業再生ステージ　―卸売業の実践支援事例―　152
3 企業再生ステージ　―小売業の実践支援事例―　159
4 企業再生ステージ　―飲食業の実践支援事例―　165
5 民事再生ステージ　―建設業の実践支援事例―　174
6 ライフステージ・再チャレンジ　―小売業の実践支援事例―　179

付属資料　MMMメソッドのツール集　187
参考文献　237

第1章

新金融行政方針は金融機関・再生支援機関にどのような変化をもたらすか

① 新金融行政方針とはどのようなことか

　2016年10月「平成28年度金融行政方針」が発表された。着目すべき点は，従来の金融機関が企業を審査・支援する際に「検査マニュアル」主導であったことに対する反省と，新しい企業再生に対する金融庁の方針が示されていることである。これにより，金融機関や中小企業再生支援機関にとって，どのような影響が出てくるのであろうか。その内容は多岐にわたっているため，本章では，中小企業のライフステージ（主に企業再生）において，事業性評価と支援などでどのような変化が求められているかについて述べる。

(1) 金融行政運営の基本方針

　基本方針として，**①金融システムの安定／金融仲介機能の発揮，②利用者保護／利用者利便，③市場の公正性・透明性／活力を確保することにより，企業・経済の持続的成長と安定的な資産形成等による国民の厚生の増大を目指す**——としている（太字は金融庁の発表資料からの引用。以下，同じ）。

　このなかで注目すべき点は，①の「金融仲介機能の発揮」である。これにより，中小企業事業性評価・中小企業再生支援において，大きく変化することが想定される。

(2) 金融当局・金融行政運営の変革

　金融機関にのみ変革を求めるのではなく，金融庁自らも運営の変革を行うという当局の覚悟が感じ取れる内容になっている。具体的には，**①検査・監督のあり方の見直し，②良質な金融商品・サービスの提供に向けての競争実現（市場メカニズムの発揮），③金融庁自体を環境変化に遅れることなく不断に自己変革する組織に変革（ガバナンスの改善）**——を行うとしている。

　これは，自らも「検査マニュアル」中心の検査・監督をやめると宣言しているとも受け取れる内容である。

① 形式から実質へ

　規制の形式的な遵守（ミニマム・スタンダード）の実施より，実質的な金融サービスの提供（ベスト・プラクティス）を重視――するとしている。

　これは，これまでの「ルール重視の事後チェック型行政」では，①借り手の事業内容ではなく，担保・保証があるかといった形式を必要以上に重視するといった傾向（「形式への集中」の問題），②将来の経営の持続性よりも，過去の経営の結果であるバランスシートの健全性ばかり議論するといった傾向（「部分への集中」の問題），さらには，③金融機関の経営全体のなかで真に重要なリスクを議論するのではなく，個別の資産査定にもっぱらリソースを投入するといった傾向（「部分の集中」の問題）――への反省でもある。

② 過去から将来へ（フォワードルッキングな行動）

　過去の一時点の健全性の確認より，将来に向けたビジネスモデルの持続可能性を重視――するとしている。

　これは，過去のB/S（バランスシート）を見るだけでは不十分であり，将来を見据えたビジネスモデルの展望など，収益の見通しはどうなっていくのかも見ようということである。よって，従来型のリスクチェックだけではなく，新しいリスクを把握し機動的に対応できる能力がいっそう重要となってきているのである。

③ 部分から全体へ

　特定の個別問題への対応に集中するより，真に重要な問題への対応ができているかを重視――するとしている。

　これは，すべての金融機関が最低限満たすべき基準の遵守状況をチェックすることを目的とした従来型のルールベースの手法よりも，最低基準の遵守だけでは確保できない部分を補うための，個々の金融機関の状況に応じて行う動的な監督や，金融機関の創意工夫をうながす対話といった手法を活用していく必要があるということである。

(3) 国民の安定的な資産形成を実現する資金の流れへの転換

中小企業再生に直接の関係はないが，参考までに示すと，①家計における長期・積立・分散投資の促進，②金融機関等による顧客本位の業務運営（フィデューシャリー・デューティー）の確立と定着，③機関投資家による投資先企業との建設的な対話の促進とそれを通じた企業価値の向上，④金融取引のグローバル化，複雑化，高度化に対応した市場監視機能の強化，⑤会計監査，開示及び会計基準の質の向上——が述べられている。

(4) 「共通価値の創造」を目指し金融機関のビジネスモデルの転換

人口減少や，高齢化の進展，FinTechなどの技術革新の動き，世界的な長短金利の低下など，金融機関の経営環境は大きく変化している。よって，各金融機関が問題意識をもって自らのビジネスモデルを検証し，それぞれが自主的な創意工夫のもと，持続可能なビジネスモデルの構築に向けた具体的かつ効果的な取組みを行うことが求められている。

ビジネスモデルの持続可能性が確保されていない金融機関にあっては，足下の健全性に問題がなくても，中長期的にはその経営基盤が損なわれるおそれがある。したがって，ビジネスモデルの持続可能性の検証についても検証するとしている。

① 金融仲介機能発揮に向けた取組みの実態把握

顧客企業の側に「金融機関は相変わらず担保・保証がないと貸してくれない」との認識があるなか，このような企業の事業内容をよく理解することなく，「十分な担保・保証があるか」「高い信用力があるか」など，企業の財務指標を中心とした定型的な融資基準によって与信判断・融資実行をする，「日本型金融」を排除していく必要があるとの認識である。

そのために，次の点に着目して企業や金融機関からヒアリング等を行うとしている。

① 与信判断における審査基準・プロセス，担保・保証への依存の程度（**事**

図表1-1 「日本型金融排除」のイメージ

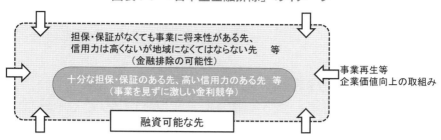

出所：金融庁「平成28年度金融庁方針」

業性評価の結果に基づく融資ができているか）
② 貸付条件変更先等の抜本的事業再生等を必要とする先に対する，コンサルティングや事業再生支援等による顧客の価値向上に向けた取組み
③ 公的金融機関の融資・連携状況の実態把握（民間金融機関の融資と補完的・連携的か）

② 金融機関との深度ある対話

どうすれば金融仲介の質をいっそう高めていけるか，金融機関の取組みについての実態把握や先般公表した「金融仲介機能のベンチマーク」などの客観的な指標を活用し，金融機関との間で深度ある対話を進めていく予定である。

③ 開示の促進等を通じた良質な金融サービスの提供に向けた競争の実現

金融機関が顧客本位の取組みについて十分な情報提供を行うことは，顧客が自らのニーズや課題解決に応えてくれる金融機関を主体的に選択することを可能とし，ひいては，良質な金融サービスの提供に向けた金融機関間の競争にもつながるとして，情報開示をうながしていこうとしている。

④ 金融システムの健全性維持

国内金融機関に関しては，①リスク管理及びリスクティク戦略の高度化，②

ビジネスモデルの持続可能性の確保に向けた取組みの促進——を図るとしている。

② 「金融仲介機能のベンチマーク」は金融機関・支援機関に何を求めているか

　ベンチマークについては，金融機関の人からは，対応するのが大変だと悲鳴に近い声も聞こえてくるが，その趣旨を見きわめて利用する必要がある。金融行政に詳しく，金融機関経営に深く関わっている特定非営利活動法人日本動産鑑定会長の森俊彦氏は，ベンチマーク（金融行政仲介機能のための指標）は「対話の手段である」と述べている。よって，このベンチマークは自行に適合する部分を抽出して活用するものと考えて，あまり窮屈に考える必要はないのではないか。

　ここでは，企業再生に関連するもののみを取り上げる。

　なお，ベンチマークの詳細は，下記のURLからダウンロードできる。

　http://www.fsa.go.jp/news/28/sonota/20160915-3.html

（1） 共通ベンチマーク

　共通ベンチマークについては，次の①〜③の3項目（5つの共通ベンチマーク）からなる。ここでは，金融機関や再生支援機関が留意すべき点についてコメントを加えておく（太字の箇所は，平成28年9月発表の金融庁「金融仲介機能のベンチマーク」からの引用。片括弧の数字はベンチマークの通し番号）。

① 取引先企業の経営改善や成長力の強化
　1) **金融機関がメインバンク（融資残高1位）として取引を行っている企業のうち，経営指標（売上・営業利益率・労働生産性等）の改善や就業者数の増加が見られた先数**（先数はグループベース。以下断りがなければ同じ），及

び，同先に対する融資額の推移

　これが意味するところは，メインバンクは自社の利益のみを考えるのではなく，融資先の経営改善を主とした考えで融資してほしいということである。

② 取引先企業の抜本的事業再生による生産性の向上
　2）金融機関が貸付条件の変更を行っている中小企業の経営改善計画の進捗状況
　金融機関が抜本的事業再生を行っている取引先にあって，貸付条件を優遇等の措置をした企業先の進捗状況を報告する必要がある。

　3）金融機関が関与した創業，第二創業の件数
　ライフステージにおける創業，第二創業を支援することにより，創業による地方創生の活性化や事業承継のための第二創業をサポートし，事業承継の円滑化支援の度合いを見ようとするものであろう。

　4）ライフステージ別の与信先数，及び，融資額（先数単体ベース）
　ここでいうライフステージとは，創業・第二創業，経営革新，M&A，企業再生，事業承継，廃業等の企業のそれぞれのライフサイクルのステージを指しているものと見られる。よって，金融機関・再生支援機関は幅広く支援することが求められていると見るべきであろう。

③ 担保・保証依存の融資姿勢からの転換
　5）金融機関が事業性評価に基づく融資を行っている与信先数及び融資額，及び，全与信先数及び融資額に占める割合（先数単体ベース）
　今回最も注目すべきベンチマークの1つで，これは，従来の資産評価による融資から事業性評価による融資姿勢への転換を求めている。金融機関に対してはマインド（心）の転換を求めているし，再生支援機関も含めて，事業性評価をどのように実施するべきかのノウハウの提供が求められてこよう。

(2) 選択ベンチマーク

選択ベンチマークは，次の①～⑭の14項目（50のベンチマーク）からなっている。ここでは，特筆すべきベンチマークについては個々にコメントを加えるが，それ以外については，項目ごとにコメントを加える（太字の箇所は，平成28年9月発表の金融庁「金融仲介機能のベンチマーク」からの引用。片括弧の数字はベンチマークの通し番号）。

① 地域へのコミットメント・地域企業とのリレーション
   1) **全取引先数と地域の取引先数の推移，及び，地域の企業数との比較（先数単体ベース）**
   2) **メイン取引（融資残高1位）先数の推移，及び，全取引先数に占める割合（先数単体ベース）**
   3) **法人担当者1人当たりの取引先数**
   4) **取引先への平均接触頻度，面談時間**

この項目は，取引先との平均接触頻度，面接時間等が見られることを示している。金融機関・再生支援機関には，地域に密着した取引先への濃密な接触と，融資先の困りごとに対する相談，支援が求められよう。

② 事業性評価に基づく融資等，担保・保証に依存しない融資
   5) **事業性評価の結果やローカルベンチマークを提示して対話を行っている取引先数，及び，左記のうち，労働生産性向上のための対話を行っている取引先数**

事業性評価・知的資産評価によるリスクがあっても，その評価力によって回避する能力で融資できることを求めていることがうかがえる。なお，ローカルベンチマークについては第4節で説明する。

6）事業性評価に基づく融資を行っている与信先の融資金利と全融資金利との差

事業性評価に基づいた支援を本気で行っているのかどうか，その度合いを査定しようとしているようにうかがえる。

7）地元の中小企業与信先のうち，無担保与信先数，及び，無担保融資額の割合（先数単体ベース）

この査定は，いかに事業性評価による融資をすべきかを金融庁が重視していることの証左である。

8）地元の中小企業与信先のうち，根抵当権を設定していない与信先の割合（先数単体ベース）

これも事業性評価を大切にしていることを査定するもので，金融機関にとっては，考え方を大きく転換しなければならないことの1つであろう。

9）地元の中小企業与信先のうち，無保証のメイン取引先の割合（先数単体ベース）

この査定も，事業性評価による融資の度合いを見ようとしている。

10）中小企業向け融資のうち，信用保証協会保証付き融資額の割合，及び，100％保証付き融資額の割合

100％保証付き割合が高い金融機関は，事業性評価による融資が少ないということになり，マイナス評価されるようになろう。

11）経営者保証に関するガイドラインの活用先数，及び，全与信先数に占める割合（先数単体ベース）

③ **本業（企業価値の向上）支援・企業のライフステージに応じたソリューションの提供**
12）本業（企業価値の向上）支援先数，及び，全取引先数に占める割合

事業性評価により，融資先企業の業績向上が実際行われているかを見ようということである。

13）本業支援先のうち，経営改善が見られた先数

単なる事業性評価に終わるのではなく，外部の支援機関等の協力も得て経営改善をすることが期待されている。

14）ソリューション提案先数及び融資額，及び，全取引先数及び融資額に占める割合

これについては，ソリューション提案先，つまり，経営改善提案が行われている先の割合に言及されていることに着目したい。事業性評価を行い，企業の課題点・問題点を抽出し，解決案を提案し，効果実現への支援が期待されていると見るべきではないか。

15）メイン取引先のうち，経営改善提案を行っている先の割合

ここでは，事業性評価を行い，かつ改善提案を行っているかを問うている。しかし，これだけでなく，経営改善効果を実現することも期待されていることに注目する必要があろう。

16）創業支援先数（支援内容別）

企業のライフステージに合わせてあらゆる局面で支援していくことが求められていると見るべきであろう。

17）地元への企業誘致支援件数

地方創生のために，金融機関がどの程度貢献しているかを見ている。

18）販路開拓支援を行った先数（地元・地元外・海外別）

本書での取扱範囲とはしていないが，前述したように，企業のライフステージに合わせた支援をすることが求められている。

19）M&A支援先数

本書では取り扱わないが，あらゆる局面での支援が求められていると見るべきであろう。

20）ファンド（創業・事業再生・地域活性化等）の活用件数

本書では，企業再生に限って説明する。

21）事業承継支援先数

本書では取り扱わないが，ゴーイングコンサーンとしての企業継続も査定の1つとして見ている。

22）転廃業支援先数

これについては，本書では取り扱わない。

23）事業再生支援先における実抜計画策定先数，及び，同計画策定先のうち，未達成先の割合

事業再生における実抜計画数は，金融機関にとって，これに取り組む姿勢が見られるであろうし，再生支援機関にとっては，計画の実現性を問われることになろう。

24) 事業再生支援先におけるDES・DDS・債権放棄を行った先数，及び，実施金額（債権放棄額にはサービサー等への債権譲渡における損失額を含む，以下同じ）

これは，事業再生に対する金融機関の本気度を問うていることになろう。本気なら，DES・DDS債権放棄まで踏み込んだ支援になるであろう。再生支援機関にとっては，支援の実力度合いも見られることになろう。

25) 破綻懸念先の平均滞留年数

再生支援のなかには破綻懸念先も有しているものと思われるが，事業性評価から経営改善に進めることができたか，または廃業等の道に進めたかを見る指標となろう。

26) 事業清算に伴う債権放棄先数，及び，債権放棄額

実抜計画を金融機関が本気になって支援するなかにあって，債権放棄も発生してくる。これには金融機関の勇断が伴うことでもあるが，その姿勢を見る査定となろう。

27) リスク管理債権額（地域別）

開示される不良債権で，破綻先債権，延滞債権，3か月以上延滞債権，貸出条件緩和債権について査定されるということである。

④ 経営人材支援

28) 中小企業に対する経営人材・経営サポート人材・専門人材の紹介数（人数ベース）

自行内で人材を十分調達できない場合は，外部の人材を活用すべく，紹介してはどうかという問いと見るべきであり，今後はパートナー支援機関との連携が大切になってくるものと思われる。

29) 28の支援先に占める経営改善先の割合

　事業性評価だけでなく，改善計画を立て，支援し，経営改善の結果が出ることを求められているのである。

⑤ 迅速なサービスの提供等顧客ニーズに基づいたサービスの提供
　　30) 金融機関の本業支援等の評価に関する顧客へのアンケートに対する有効回答数
　　31) 融資申込みから実行までの平均日数（債務者区分別，資金使途別）
　　32) 全与信先に占める金融商品の販売を行っている先の割合，及び，行っていない先の割合（先数単体ベース）
　　33) 運転資金に占める短期融資の割合

　この項目では，迅速な対応と，金融商品の販売，運転資金に占める短期融資の割合等を見ることを示している。

⑥ 業務推進体制（34～35）
⑦ 支店の業績評価（36）
⑧ 個人の業績評価（37～38）
⑨ 人材育成（39）

　上記の項目についても検査が行われるが，ここでは説明を省く。

⑩ 外部専門家の活用
　　40) 外部専門家を活用して本業支援を行った取引先数

　自行で支援する人材が不足している場合は，外部人材を有効利用しているかを問われている。また，再生支援機関にはそれらの要望に応えられる人材の確保と要請が求められてこよう。

41）取引先の本業支援に関連する外部人材の登用数，及び，出向者受入れ数（経営陣も含めた役職別）

　自行内だけで人材を調達することにこだわらず，機動的に対応できる支援機関との連携により，取引先の需要に迅速に支援を行うことが求められていると見るべきであろう。

⑪　他の金融機関及び中小企業支援策との連携
　42）地域経済活性化支援機構（REVIC），中小企業再生支援協議会の活用先数

　中小企業再生支援協議会やミラサポ（中小企業・小規模事業者の未来をサポートするサイト。中小企業庁の委託事業），経営力向上計画や補助金政策の活用を問うていると思われる。

　43）取引先の本業支援に関連する中小企業支援策の活用を支援した先数

　この項目は，自行内のみで事業の遂行をすることにこだわらず，外部の支援機関との連携を図り効果的な支援を求めているといえよう。

　44）取引先の本業支援に関連する他の金融機関，政府系金融機関との提携・連携先数

⑫　収益管理態勢
　45）事業性評価に基づく融資・本業支援に関する収益の実績，及び，中期的な見込み

　単なる事業性評価にとどまらず，リスクを負った融資と収益の上がる実績が中期的にも望めることを求めていると見るべきである。

⑬　事業戦略における位置づけ
　46）事業計画に記載されている取引先の本業支援に関連する施策の内容

　事業計画の施策は，過去にとかく抽象的な表現で見過ごされていた面が否め

ないことに対して，実現可能性を持った具体性が必要であるといっているものと推量できる。

47）地元への融資に係る信用リスク量と全体の信用リスク量との比較
金融機関が本気で取引先のためにリスクを負った融資に取り組んでいるかを査定するといっているのである。

⑭ ガバナンスの発揮

48）取引先の本業支援に関連する施策の達成状況や取組みの改善に関する取締役会における検討頻度
取引先の本業支援に関して，金融機関の業務執行機関である取締役会でどの程度真剣に取り組んでいるかを問うている。

49）取引先の本業支援に関連する施策の達成状況や取組みの改善に関する社外役員への説明頻度
本業支援に関して，社内の取締役だけではなく，社外役員への説明の頻度がどの程度行われているかを見ている。

50）経営陣における企画業務と法人営業業務の経験年数（総和の比較）
とかく金融機関内部では，企画業務を経験している人が経営トップに昇進する傾向が見られる。それでは取引先との乖離が発生する要因になるので，営業業務経験を多くしてほしいと望んでいると推量できる。

③ 新金融行政方針による再生支援機関への影響と多様化

(1) 多様化する窓口

　中小企業者が経営課題を相談する窓口としては，公的支援機関が身近である。中小企業基盤整備機構，各都道府県や市区町村の支援窓口，商工会・商工会議所に加えて，よろず支援拠点，プロフェッショナル人材戦略拠点，ミラサポなどがある。

　よろず支援拠点は，国が全国に設置する経営相談所であり，中小企業・小規模事業者の売上拡大，経営改善などに窓口対応する。

　プロフェッショナル人材戦略拠点は，戦略パートナーが事業者の経営課題について把握し，その課題解決に必要な人材確保を支援する。また，複数の人材紹介企業を紹介し，事業者に必要なエージェント会社の選択を支援する。

　これらは公的支援機関であり，これだけ多くの窓口を設けてはいるが，たいていの場合，企業側は日ごろ交流のある専門家が所属しているところを活用するケースが多い。さらには，各金融機関が企業サポートの部署を持ち，事業者支援を繰り広げている。

　主に，創業・資金調達・ビジネスプラン作成・販売促進（マッチング事業含む）など，あらゆるテーマの課題解決，再生支援といった事業者の抱えている課題に対応する。課題が重く，長期にわたる支援が必要な場合，複数の支援機関を活用して，課題解決する事業者もある。

(2) 派遣事業の多様化

　事業者の課題解決として，専門家派遣事業がある。中小企業基盤整備機構は，経営実務支援事業・戦略的CIO育成支援事業等も併用すると，半年〜2年の派遣期間となり，課題解決・目標実現をサポートしている。

　ミラサポの派遣回数は3回であるが，全国から専門家を招へいすることができるという特徴がある。招聘される専門家側には，旅費交通費が支給される。

各都道府県の中小企業振興公社・支援財団などの外郭団体も，派遣事業を行っている。

商工会議所は，専門家派遣事業（エキスパートバンク）を実施しており，無料で専門家を派遣している。商工会（商工会連合会）は，分野別専門家派遣（エキスパートバンク事業）を行っている。各都道府県の商工会連合会（県連）が実施しており，事業者の依頼に応じて，課題ごとに適切な専門家を県連が選定する。原則1テーマにつき1回，専門家を無料で派遣する事業である。

（3）再生計画策定支援機関

再生計画策定支援機関としては，中小企業再生支援協議会（以下，協議会）がある。協議会は，産業競争力強化法127条に基づき，中小企業再生支援業務を行う者として認定を受けた商工会議所等の認定支援機関を受託機関として，同機関内に設置された。中小企業再生支援協議会は，全国47都道府県に1ヵ所ずつ設置されており，事業再生に関する知識と経験とを有する専門家（金融機関出身者，公認会計士，税理士，弁護士，中小企業診断士など）が統括責任者（プロジェクトマネージャー）および統括責任者補佐（サブマネージャー）として常駐し，窮境にある中小企業者からの相談を受けている。

再生支援のプロセスとしては，第1次対応，第2次対応，モニタリングがある。第1次対応としては，厳しい状況に陥った事業者が，協議会の窓口に相談に行く。場合によっては弁護士の紹介などを行い，事業性など一定の要件を満たす場合には再生計画の策定支援に移る。

第2次対応としては，事業の専門家と財務の専門家，場合によっては弁護士，不動産鑑定士等の専門家を選定し，チームを構成し，3ヵ月程度でデューデリジェンスを行う。さらに，事業者の再生計画策定に取り組む。これらにかかる費用は，協議会と事業者が負担する。

各金融機関は，事業者のサポートを行う部署を設けて支援している。信用保証協会の支援メニューとしては，派遣事業，経営サポート会議がある。

これら支援メニューは，経営改善計画を有する中小企業者と取引金融機関と

が一堂に会して情報共有を行うことで，中小企業者の早期経営改善等を図ることを促進する。

(4) 民間支援の活用の仕方

こうした支援窓口が多様化し，事業者側も困惑するところは大きいと思われるが，課題の内容によって，的確に事業を活用することが望ましい。これは，事業継続，再生に限られることではない。

再生・再チャレンジというフェーズ（**図表1-2参照**）においては，事業者本人が積極的に相談するよりは，メインバンクが勧める場合が多い。金融機関側としては，事業の進捗と預金等の資産，担保を鑑みて勧めてくるケースが多いので，事業者が金融機関からうながされた場合は，冷静に自社の状況を見直す必要があることに留意する。

(5) 経営者保証

今回出された金融庁のベンチマークは，金融仲介機能の発揮と利用者保護が強く打ち出されている。ここで特筆したいのは，再生支援だけではなく，撤退支援も道として整っていくのではないかという点である。経営者保証についても，さらに活用しやすいように整備が進むことを願ってやまないが，何よりも次のステージに立てる希望を経営者が持ったうえで退出戦略を立てていける土壌が必要である。

スポンサー探しが実現しなかった場合，事業停止，破産手続きという流れになるのだが，経営者とその家族の保証を考慮して進めていくことができるようになりつつある。特に，現状を受け入れがたい経営者については，撤退についても計画的かつ次のステージに移りやすいように進めるべく，支援を求めることも重要である。

図表1-2 相談ステージ別支援機関

相談ステージ別の内容:

- 創業、アーリーステージ、課題整理等で第三者の意見を求める場合
- 補助金申請のための支援
- 金融機関が勧める場合もある（マッチング事業等）
- 基本は公的活用しても費用はかからないケース

↓

- 課題が明確で、短期的に解決する場合
- 資金繰りの可及的改善を必要としない場合
- 平均数回の派遣で問題解決できそうな場合
- 基本は、会社負担あり
- ミラサポの3回派遣は、費用負担なし

↓

- 資金繰りの可及的改善が急務な場合
- 抜本的な事業改善を勧められた場合
- （金融機関からなどそうな場合）
- 基本は、会社負担あり
- 半年～1年かけて、事業の中身を洗い出し、計画を策定する

↓

- 通常の民間取引で成り立つ
- 中小企業再生支援協議会や経営改善サポートの計画策定以降、フォローアップで専門家が入る場合は、この範囲に入る

窓口相談
主に公的機関で基本は無料

- **中小企業再生支援協議会**
  再生支援に特化した団体
  1次対応
- **中小企業基盤整備機構の相談窓口**
- **各都道府県公社・財団の中小企業相談窓口**
- **商工会議所**
- **商工会（商工会連合会含む）**
- **よろず支援拠点**
  各都道府県に設置
  商工会議所や公社・財団の中に設置
  基盤整備機構運営、派遣はなし
- **プロフェッショナル人材戦略拠点**
  内閣府運営
  相談窓口
- **各金融機関**
  企業サポートを担う部署

派遣事業 経営革新計画策定

- **中小企業基盤整備機構**
  各経済産業局所在地にある
  派遣事業半年～最長2年
  会社負担あり
- **各都道府県公社・財団**
  各都道府県の財団にある
  派遣事業8回程度（会社負担あり）
- **商工会議所**
  日本商工会議所が運営し、全国の市に設置
  派遣事業8回程度
- **商工会**
  商工会連合会が統括し、各市郡に設置
  通常都道府県対応
  重点課題対応であれば、8回程度派遣可能
- **ミラサポ**
  中小企業庁委託
  中小企業のためのネット派遣サービス
  派遣回数3回。全国登録専門家利用可
  無料

再生計画策定 改善計画策定

- **中小企業再生支援協議会**
  再生支援に特化した団体
  1次対応～2次対応で半年～1年
  金融調整機能あり
  会社負担あり
- **経営改善支援センター**
  405と呼ばれ、事業改善計画策定支援
  金融調整機能なし（メイン中心に切る）
  認定支援機関が中心に動く
  会社負担あり
- **信用保証協会**
  経営サポート会議
  派遣事業あり（5～8）回程度
- **事業引継ぎセンター**
  各都道府県に設置
  主に商工会議所内にある
  専門家派遣あり

→ 再生見込みがない場合は、早い段階で弁護士に相談する

民間支援 民間契約

- **政策公庫**
  公的金融機関
  商工会議所を通じて、マル経融資等受けつける
- **各金融機関（認定支援機関含む）**
  企業サポートの部署がある
  中小企業支援メニューあり
- **診断士等士族（認定支援機関）**
  ・コンサルタントファーム
  ・監査法人

④ 経済産業省の「ローカルベンチマーク」

(1) ローカルベンチマークの連携

　本章第1節でも述べたが，国や金融機関の中小企業を見る視点が明らかに変化した。これまでは自己資本比率や不良債権比率による銀行の健全性に比重を置いていたが，国は取引先企業と経済の成長を最大の目標として打ち出した。また，これに対する金融機関の取組み姿勢を確認するために，金融庁は2016年9月に「金融仲介機能のベンチマーク」で5つの共通ベンチマークと50の選択ベンチマークを発表し，10月に「平成28年度金融行政　主なポイント」を発表した。これに先立つこと同年6月には，経済産業省経済産業政策局産業資金課が「ローカルベンチマークについて」を発表している。

　これまで日本の多くの金融機関はバランスシート，つまり，資産・担保で融資判断してきたが，それは過去の財務諸表の話にすぎない。多くの金融機関で重視されていない今後の取引先企業の成長可能性を分析することこそが，事業性評価である。しっかりと企業と対話することで，対象企業のビジネスモデルの成長性を評価し融資する評価手法である。これまでの評価体系では融資困難であった企業でも融資可能となるなど，地域金融機関融資の目玉となるべきものである。これにより，リスケ中の企業や借入過多の企業も増加運転資金に対する資金も短期であれば可能となり，多くの中小企業が元気を取り戻すことが期待できる。

　ここでは，経済産業省「ローカルベンチマークについて」の作成の背景や内容について紹介する。

(2) ローカルベンチマーク検討の背景

　急激な人口減少が始まっている地域経済の持続のためには，地域企業が付加価値を生み出し，雇用を創り続けていかなければならない。「日本再興戦略　改訂2015」（平成27年6月30日）においては，「ローカル・アベノミクス」を推

図表1-3 ローカルベンチマークの連携イメージ

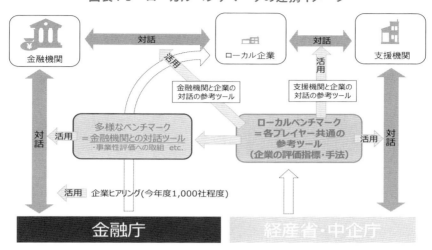

出所：経済産業省「ローカルベンチマークについて」

進する施策として，「中小企業団体，地域金融機関等による地域企業に対する経営支援等の参考となる評価指標・評価手法（ローカルベンチマーク）」の策定が盛り込まれている。そのような背景のもと，地域企業の経営支援等の参考となる評価指標・手法である「ローカルベンチマーク」を，平成27年5月から検討会を開催して検討した。検討にあたっては，各機関で使われている分析手法等を参考にして，企業の実態を把握するために押さえておくべき基本要素を抽出しつつ，改めてそれぞれの指標や手法の意義や有効性を検証した。ローカルベンチマークが企業の経営者等と金融機関，支援機関の対話を深める入口として使われることを念頭に置いて，それぞれの利用者にとってわかりやすく，使いやすい「ツール（道具）」の検討も行われた。

（3）ローカルベンチマークの利用者・対象者

ローカルベンチマークの主な利用者としては，地域金融機関や政府系金融機関，ファンド，証券会社等の金融機関，各地域の支援センター（地方公共団体

等）や商工会・商工会議所等の支援機関があげられる。さらに，地域企業の経営改善を支援する全国的な組織として，中小企業診断協会や中小企業関係団体の全国組織に加え，たとえば，中小企業基盤整備機構や中小企業再生支援協議会，地域経済活性化支援機構等の活動のなかに組み込まれることが期待される。経営者自身も課題に気づき，緊張感を持って経営改善に向けた目標の設定や共有，「PDCAサイクル」を機能させるための出発点とすることが期待される。

(4) ローカルベンチマークの目指すもの

ローカルベンチマークは，企業の経営者等と金融機関，支援機関の対話を深める入口として使われることを念頭に置いて，それぞれの利用者にとってわかりやすい，使いやすいものを目指した。かつ，あくまでも，基本的な枠組み，言い換えれば「入口」であって，それぞれの企業や金融機関，支援機関が独自の視点でより深い対話や理解をする出発点である。また，「産業・金融一体となった地域経済の振興を総合的に支援するための施策」であり，地域経済施策や中小企業施策，地域金融施策の結節点となるべきものである。

(5) ローカルベンチマーク

ローカルベンチマークは，地域の経済・産業の視点と個別企業の経営力評価の視点の2つから構成されるが，個別企業の経営力評価と改善に向けた対話（企業の健康診断）を行うツール（道具）として，企業の経営者等や金融機関・支援機関等が，企業の状態を把握し，双方が同じ目線で対話を行うための基本的な枠組みであり，事業性評価の「入口」として活用されることが期待されるものである。

具体的には，「診断ツール」を活用して，「財務情報」（6つの指標）と「非財務情報」（4つの視点）に関する各データを入力することにより，企業の経営状態を把握することで経営状態の変化に早めに気づき，早期の対話や支援につなげていくものである。

図表1-4　ローカルベンチマークのイメージ

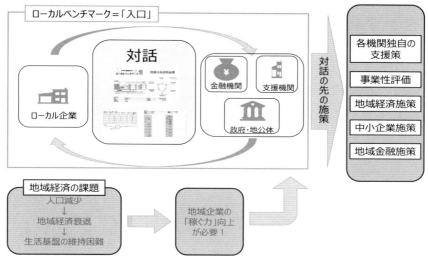

出所：図表1-3に同じ

なお，6つの指標と4つの視点は，以下のとおりである。

◆6つの指標
　① 売上高増加率（売上持続性）
　② 営業利益率（収益性）
　③ 労働生産性（生産性）
　④ EBITDA有利子負債倍率（健全性）
　⑤ 営業運転資本回転期間（効率性）
　⑥ 自己資本比率（安全性）

◆4つの視点
　① 経営者への着目
　② 関係者への着目

図表1-5 企業の健康診断ツール

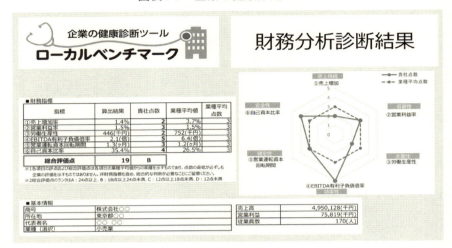

出所:図表1-3に同じ

③ 事業への着目
④ 内部管理体制への着目

⑤ 経営力向上計画における留意点

(1) 経営力向上計画

　経営力向上計画とは,人材育成・コスト管理等のマネジメントの向上や設備投資等により,事業者の生産性を向上させるための計画である。平成28年7月に施行された中小企業等経営強化法による支援であり,具体的には,現状認識・目標・取組み内容などを記載する実質2枚の様式により策定するものである。計画策定に際しては,申請の手引きや本計画の概要は中小企業庁のホームページに詳しく記載されているので,以下のURLを参照されたい。

図表1-6 中小企業等経営強化法との関連

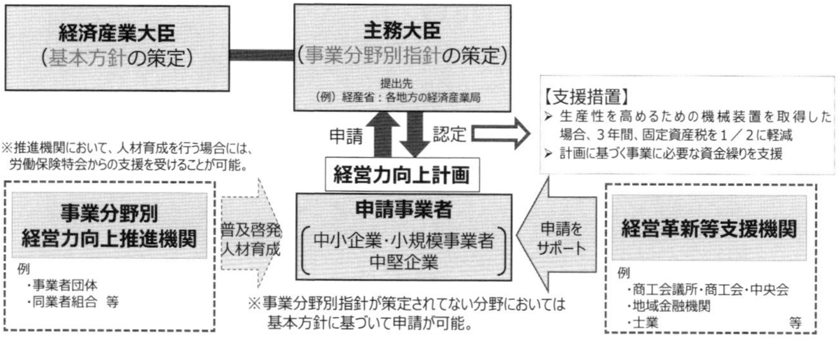

[図表]

出所：図表1-3に同じ

http://www.chusho.meti.go.jp/keiei/kyoka/

計画策定にあたっては，認定支援機関によるサポートが受けられ，事業分野ごとの担当省庁に事業分野別指針等に則って計画を提出し認定を受けることになっているが，この事業分野別指針こそがローカルベンチマークであり，通称ロカベンと呼ばれている。認定を受けると，次のメリットがある。

① 決算が赤字黒字にかかわらず固定資産税が3年間，2分の1に軽減される。
② 中小企業向けには信用保証協会による信用保証制度の拡大など，中堅企業には中小企業基盤整備機構の債務保証が受けられる。

また，中小企業に人気の補助金である「革新的ものづくり・商業・サービス開発支援補助金」（通称，もの補助）は，経営力向上計画の認定があれば申請時に加点されることが明示されているなど，中小企業にとって魅力的な制度である。なお，平成29年1月31日時点では1万3,458件認定されており，認定事例集も発表されている。

（2）経営力向上計画作成のイメージ

生産性を向上させていくためには，周囲の環境を踏まえつつ，自社の強みを意識したビジネスモデルを構築し続けていくことが重要であり，自社が強みを

図表1-7 経営力向上計画のステップ

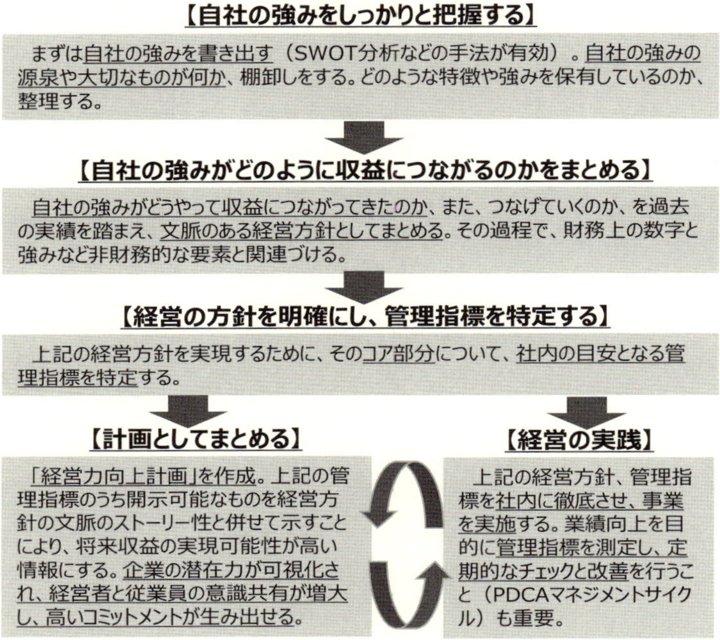

【自社の強みをしっかりと把握する】
まずは自社の強みを書き出す（SWOT分析などの手法が有効）。自社の強みの源泉や大切なものが何か、棚卸しをする。どのような特徴や強みを保有しているのか、整理する。

↓

【自社の強みがどのように収益につながるのかをまとめる】
自社の強みがどうやって収益につながってきたのか、また、つなげていくのか、を過去の実績を踏まえ、文脈のある経営方針としてまとめる。その過程で、財務上の数字と強みなど非財務的な要素と関連づける。

↓

【経営の方針を明確にし、管理指標を特定する】
上記の経営方針を実現するために、そのコア部分について、社内の目安となる管理指標を特定する。

↓

【計画としてまとめる】
「経営力向上計画」を作成。上記の管理指標のうち開示可能なものを経営方針の文脈のストーリー性と併せて示すことにより、将来収益の実現可能性が高い情報にする。企業の潜在力が可視化され、経営者と従業員の意識共有が増大し、高いコミットメントが生み出せる。

【経営の実践】
上記の経営方針、管理指標を社内に徹底させ、事業を実施する。業績向上を目的に管理指標を測定し、定期的なチェックと改善を行うこと（PDCAマネジメントサイクル）も重要。

出所：経済産業省・中小企業庁「中小企業等経営強化法について」

持つ分野に対して経営資本を集中させ，それ以外のIT化や外部リソース活用が有効である。

　まずは，自社の置かれた環境を把握し，強み・弱みを認識するために，自社の経営状態等の見える化を行う。また，市場や競争環境の変化を常に意識し，自社の強み・弱みを見直すことが重要である。

（3）ローカルベンチマーク活用に向けた各関係者への期待
① 金融機関（団体）
　金融機関は，顧客情報収集の底上げや取引のある地域企業との対話を深めるため，さまざまなツールについて工夫を行う。金融庁や金融団体は，他の関係

者と連携して，そうしたツールの有力な選択肢の1つとして，定性面の情報収集を含め，ローカルベンチマークが活用できることを周知する。

　ローカルベンチマークの活用や各金融機関独自の事業性評価に向けた取組みにより，地域の企業と対話を深め，担保や個人保証に頼らず生産性向上に努める企業に対し，コンサルティング機能の発揮や課題解決に向けた支援，成長資金の供給を行っていく。

② 中小企業支援機関

　各団体で開催している企業向け事業計画策定セミナー等でローカルベンチマークをテーマとして取り上げ周知を図る。ローカルベンチマークを活用した企業向け事業計画策定相談会等を，他支援機関と協調して実施する。各支援機関の機関誌やウェブサイトにて，「ローカルベンチマーク」を掲載し，会員に周知を図るとともに，その相談に応じる。若手経営者等向けにローカルベンチマークを活用した経営に関する勉強会等を開催する。各地の中小企業再生支援協議会や中小企業再生支援全国本部が関係するセミナーおよび研修等において，活用に向けた各種PRを実施することを検討する。また，他機関が主催する同様のセミナー等とも積極的に協調していく。

③ コンサルタント，有識者

　地域金融や地方創生に関する講演などの際にローカルベンチマークの紹介を行い，周知に努める。地域企業の支援を行う際の「入口」の判断にローカルベンチマークの活用を検討する。ローカルベンチマークの活用方法についての分析・検証について検討する。

④ 中小企業診断士などの士業

　会員向けにウェブサイト，広報誌，セミナー等でローカルベンチマークの周知を図る。顧客との対話のツールとしてローカルベンチマークの活用を検討する。経営課題について認識を共有し，必要に応じて支援機関などの紹介を行

う。会員向けにアンケートを実施し，ローカルベンチマークの活用方法についての意見を収集し，分析・検証について検討する。各士業団体において専門のプロジェクトチーム等を設置し，企業の支援を行う際のローカルベンチマークの活用を検討し，他の士業団体との意見交換やシンポジウムを開催し，情報の共有を図る。

⑤ 政府，地方公共団体

　地域の経済・産業に関する情報収集や分析，課題の共有を地域金融機関や各支援機関と連携して行う。RESASの活用等によるデータに基づく地域分析を行い，効果的な政策提案につなげる。政府は，非財務項目も含め，各関係者よりローカルベンチマークの改善点等を収集し，必要なローカルベンチマークの見直しを行う。業種別・地域別・規模別等の財務データ分析結果に基づく指標について広く一般で活用できるように努める。政府は，地域企業に対し，企業の健康診断ツールとして，ローカルベンチマークの周知を図る。ローカルベンチマークと同じような考え方，方向性で策定されている各機関の既存の手法についても適切に評価したうえで普及を後押しする。

（以上，経済産業省経済産業政策局「ローカルベンチマーク活用行動計画」より）

　なお，RESAS（リーサス）とは，Regional Economy and Society Analyzing Systemの略であり，内閣官房まち・ひと・しごと創生本部が運用している地域経済分析システムのことである。登録すれば，誰でも無料で活用できる。

　産業構造や人口動態・人の流れなどに関する官民のいわゆるビッグデータを集約し，地図上に可視化を試みるシステムである。

（4）混同されやすい点

　注意すべき点として，「ローカルベンチマーク」は，金融庁が平成28年9月に出した「金融仲介機能のベンチマーク」のことではない。ネーミングが似て

おり混同される方もいると思うが，「ベンチマーク」は金融庁が地域金融機関に求めているもので，金融検査マニュアルから脱却する代わりに設定されたものである。共通ベンチマークが5項目，選択ベンチマークが50項目あり，地元金融機関がいかに地域経済や企業に貢献しているかどうかやメインバンクとして事業再生にどう貢献しているかなどを金融庁が評価するというものである。この点に関しては，橋本卓典氏の『捨てられる銀行』（講談社現代新書）のなかで赤裸々に書かれており，とても興味深い。

⑥ 事業性評価と知的資産経営

（1）事業性評価と知的資産経営

事業性評価とは，財務情報と非財務情報から企業の経営力や事業性を理解，評価することである。その具体的支援策として経営力向上計画というものがあり，経営力向上計画の作成ステップ（図表1-8）は知的資産経営のステップそのものなのである。しかしながら，知的資産経営の認知度はいまだ低く，知らない支援者が多いのが現実である。知的資産経営は事業再生や事業承継・M&Aにも活用できる優れた手法でもあり，経済産業省も知的資産経営ポータルサイトを開設して普及に力を入れている。

（2）知的資産経営とは

知的資産とは，人材，技術，ノウハウ，組織力，経営理念，顧客とのネットワーク，ブランド等の目に見えにくい経営資源のことであり，従来のバランスシート上に記載される物的資産ではなく，財務諸表には表れてはこない。

知的資産経営とは，知的資産，すなわち企業の競争力の源泉となる「強み」を把握し，それを活用することで業績の向上に結びつける経営のことである。

北欧から導入されたMERITUMプロジェクトでは，知的資産は3つに分類

図表1-8 知的資産経営のステップ

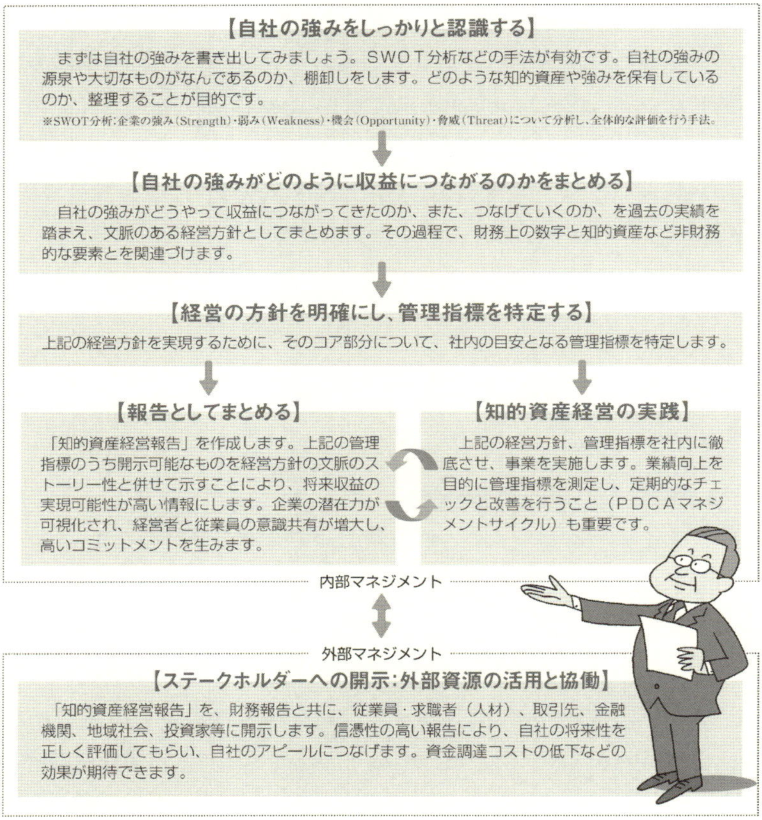

【自社の強みをしっかりと認識する】
まずは自社の強みを書き出してみましょう。SWOT分析などの手法が有効です。自社の強みの源泉や大切なものがなんであるのか、棚卸しをします。どのような知的資産や強みを保有しているのか、整理することが目的です。
※SWOT分析:企業の強み(Strength)・弱み(Weakness)・機会(Opportunity)・脅威(Threat)について分析し、全体的な評価を行う手法。

【自社の強みがどのように収益につながるのかをまとめる】
自社の強みがどうやって収益につながってきたのか、また、つなげていくのか、を過去の実績を踏まえ、文脈のある経営方針としてまとめます。その過程で、財務上の数字と知的資産など非財務的な要素とを関連づけます。

【経営の方針を明確にし、管理指標を特定する】
上記の経営方針を実現するために、そのコア部分について、社内の目安となる管理指標を特定します。

【報告としてまとめる】
「知的資産経営報告」を作成します。上記の管理指標のうち開示可能なものを経営方針の文脈のストーリー性と併せて示すことにより、将来収益の実現可能性が高い情報にします。企業の潜在力が可視化され、経営者と従業員の意識共有が増大し、高いコミットメントを生みます。

【知的資産経営の実践】
上記の経営方針、管理指標を社内に徹底させ、事業を実施します。業績向上を目的に管理指標を測定し、定期的なチェックと改善を行うこと(PDCAマネジメントサイクル)も重要です。

内部マネジメント

外部マネジメント

【ステークホルダーへの開示:外部資源の活用と協働】
「知的資産経営報告」を、財務報告と共に、従業員・求職者(人材)、取引先、金融機関、地域社会、投資家等に開示します。信憑性の高い報告により、自社の将来性を正しく評価してもらい、自社のアピールにつなげます。資金調達コストの低下などの効果が期待できます。

出所:中小企業基盤整備機構

される。従業員が退職時に持ち出す資産である「人的資産」,従業員が退職時に企業内に残留する資産である「構造資産」,企業の対外的関係に付随したすべての資産である「関係資産」である。

企業の知的資産を「行列のできるラーメン屋」にたとえると,人気を博す理由が強みである味そのものであり,この味は親方にしか作ることができなければ,それは「人的資産」となる。だが,従業員であれば誰でもその味を提供で

きるなどレシピ化もしくはマニュアル化されていれば，それは「構造資産」となる。レシピ云々よりも食材の供給先に味の秘密が隠されているなら，「関係資産」に強みがあることになる。

(3) 知的資産経営報告書の作成手順

　知的資産経営報告書を作成する手順には，「強みの認識」「見せる化」「魅せる化」の3つの段階がある。

　まず，その企業の強みを徹底的に書き出す。いわば知的資産の棚卸しである。SWOT分析等の手法が有効となり，企業の強みの源泉がどこにあるのかを整理することから始める。そして，強みのどこが収益につながっているのか，過去の実績を踏まえて経営方針を絵に描かなければならない。

　「強みの認識」をし，知的資産から収益へつながるストーリーを把握したら，次は「見える化」を行っていく。経営方針を明確にし，社内の目安となる管理指標を特定する。ここでいう管理指標とは，銀行に対する決算書のためのものではない。その業種特有の，必ずチェックしなければならないポイントがあるが，それに則った指標となる。

　さらに「魅せる化」が必要となる。知的資産経営報告書を作成することで企業の強みが可視化され，経営者と従業員の意識共有が増大すると同時に，報告書に示された管理指標が徹底され，また，知的資産経営報告書を財務諸表とともに外部のステークホルダーへ開示することが企業の将来性や潜在力のアピールにつながっていく。

　なお，知的資産経営と同じくバランススコアカードという管理手法があるが，これは内部管理を目的として作成されるものである。また，魅力発信レポートはリクルート用ともいえる。知的資産経営報告書の作成は，金融機関や取引先のためではなく，自らの会社のために行い，その作成にあたって自社の企業価値を把握し向上させることは，M&Aをするうえでも有効に働く。「この会社を買わなければ損をする」と思わせることができるのである。

（4）知的資産経営報告書の作成ポイント

知的資産経営報告書の作成ポイントは，以下のとおりである。まず，価値創造ストーリーをまとめ，「過去から現在，未来」へとつながるストーリーである。過去から現在については，いま企業を動かしている人材がまとめる。現在から未来についてはネクストキャビネットであり，後継者および将来企業を動かす人材がまとめるべきものであり，ここが事業承継には特に重要となる。

知的資産がどのように連鎖していくか，それを把握し整理することがポイントである。また，市場性と競合優位性の観点が必要となる。将来のキャッシュフローを担保するものであることが重要である。

（5）注意点

注意しなければならないのは，これまで知的資産経営報告書は金融機関や取引先のためではなく自分たちのために作る，という点が主であった。しかしながら，今後は金融機関との対話を促進するという重要な意味を持つようになるため，作成にあたりこれまで以上に従業員を巻き込んで作ることが非常に大切である。現場が動かなければ意味がなく，現場が働くための具体的なアクションプランを盛り込んだものが，知的資産経営報告書である。

知的資産経営報告書には決められた形はなく，格好のよいものを作る必要はない。それぞれの企業の目的に合わせ，内容は千差万別であってよいので，まずは作ってみることが一番である。なお，知的資産経営報告書の開示にあたっては，誰に何を伝えるかの範囲を設定し，機密保持に努めることも重要である。知的資産経営報告書には企業のノウハウがすべて詰まっており，開示すべき情報と秘密にすべき情報の量を適切に管理しなければならない。

参考までに，知的資産報告書の簡易版である事業価値を高める経営レポートを掲載する（**図表1-9**）。

さらに詳しく知的資産経営について学習したい場合は，下記サイト内にある（一社）知的資産活用センターが開催している知的資産経営アカデミーでの学習がおすすめである。なお，アカデミーの科目をすべて受講すると，「認定試

図表1-9 事業価値を高める経営レポート

事業価値を高める経営レポート　商号：　　　　　　　　　　作成日：　年　月　日

キャッチフレーズ

Ⅰ. 経営理念（企業ビジョン）

Ⅱ. 企業概要

Ⅱ-1. 沿革

Ⅱ-3. 受賞歴・認証・資格等

Ⅲ-1. 内部環境（業務の流れ）

業務の流れ
① ② ③ ④ ⑤ → 顧客提供価値

他社との差別化に繋がっている取組

①②③④⑤

顧客提供価値

Ⅲ-2. 内部環境（強み・弱み）

【自社の強み】　【自社の弱み】（経営課題）
【その他の理由・背景】　【その他の理由・背景】

Ⅳ. 外部環境（機会と脅威）

機会 / 脅威（現在の事業活動）/（収益の事業活動）

Ⅴ. 今後のビジョン（方針・戦略）

外部環境と知的資産を踏まえた今後のビジョン ①②③

今後のビジョンを実現するための取組

Ⅵ. 価値創造のストーリー

【過去～現在のストーリー　　年～　年】知的資産の活用状況
人的資産 / 構造資産 / 関係資産 / その他
知的資産・K.P.I

【現在～将来のストーリー　　年～　年】知的資産の活用目標
人的資産 / 構造資産 / 関係資産 / その他
【将来】KGI

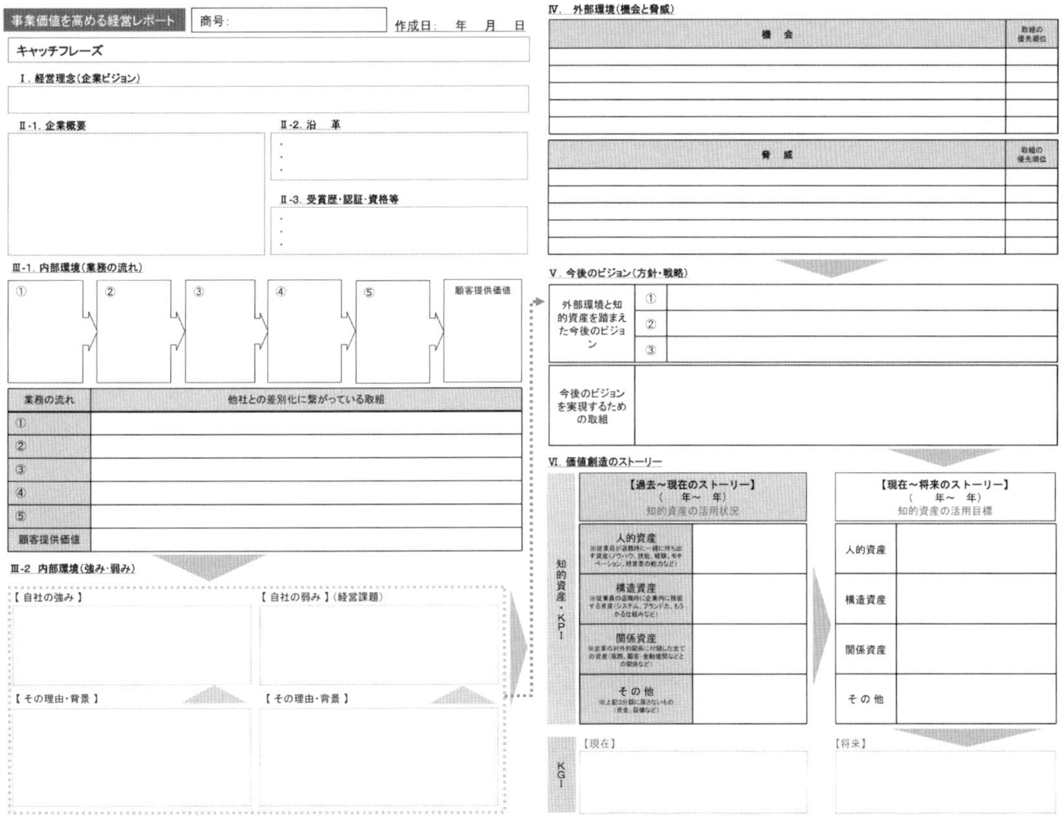

出所：中小企業基盤整備機構

験」を受けることができ，合格すると登録手続きを行うことによって，知的資産経営認定士として登録番号を付与され，知的資産ポータルサイト内に名前が掲載される。

　知的資産経営ポータルサイト
　http://www.meti.go.jp/policy/intellectual_assets/

第2章

「金融仲介機能のベンチマーク」は事業性評価を求めている

① 事業性評価例としての「企業ドック診断MMMメソッド」

　金融庁の新方針に基づく資産査定から事業性評価への大転換が求められたとき，どのように評価したらよいかと，とまどっている金融機関も多いように感じられる。そこで，本章では，このような変化への対応をスムーズに行うために役立つと思われる，**企業ドック診断MMMメソッド**という手法を紹介する。これは，編著者が30数年の間，研究・実践してきたもので，今回の事業性評価と似た考え方に基づいて構築されている。

　全体像は**図表2-1**に示したとおり，①業種・業態別診断，②ライフステージ別診断，③要素別・階層別診断という3つの診断と，④ライフステージ別・プロセス別診断支援からなっている。

　MMMはミーコッシュ・マンダラ・マトリックスのイニシャルである。後に示す**図表2-3**のように，曼荼羅上に事業性評価の5つ要素と事業の3つの成功要因を配置して，これらのうち，事業性評価の5つの要素から整備度を診断して，現在の事業性の評価と1年，2年，3年先までの事業の改善予測をするものである。5つの構成要素を総評して，MiHCoSH[注]（ミーコッシュ）と呼んでいる。

(1) 事業性評価としての業種・業態別診断が求められる

　事業性評価をする際，業種や業態によって評価の基準を変える必要があることが多く，評価する際の留意点となる。

　たとえば，建設業，製造業，運輸業，卸売業，小売業，不動産業，サービス業，飲食業などを一律に事業評価するのは，少し無理がある。その際は，原価率，粗利益率，販管費，人件費率など，その業種・業態別に評価軸を変える必

注）ミーコッシュ（MiHCoSH）：造語でMind ware. Human ware. Communication ware. Soft ware. Hard wareの頭文字をとったもので，小林勇治の登録商標でもある。

図表2-1 企業ドック診断MMMメソッド（Ver.3）

業種・業態別診断

業種・業態別診断	業　種　・　業　態　別　診　断							
	1.建設業	2.製造業	3.運輸業	4.卸売業	5.小売業	6.不動産業	7.サービス業	8.飲食業

ライフステージ（機能別）診断

ライフステージ（機能別）診断	ＭＭＭメソッド・ライフステージ（機能別）診断							
	1.創業支援・ベンチャー	2.経営革新計画	3.IT構築診断	4.M&A	5.企業再生診断	6.リエンジ診断・再チャレンジ	7.管理的破綻診断	8.法定整理診断

要素整備度／成功要因診断

	成功要因	要　素　整　備　度　別　診　断					成功要因	
要素整備度／成功要因診断	1.品質（5つのギャップ）	2.マインドウェア（意識革新・戦略ビジョン・組織・人）	3.ヒューマンウェア（やり方ノウハウ）	4.コミュニケーションウェア（約束事・EDI）	5.ソフトウェア（知的財産権）	6.ハードウェア（有形資産）	7.コスト（当初見積金額で完成）	8.時間（納期）
診断要素別・階層別 階層レベル1 総合診断（戦略ビジョン・利益向上予測）				ミーコッシュ掘搾方式（ドリルダウン）				
階層レベル2 専門科目診断								
階層レベル3 精密検査診断								
階層レベル4 高精密診断								
階層レベル5 超精密度診断								

ライフステージ（機能）別・プロセス別診断　業務プロセス

【経営革新プロセス】	経営革新戦略ビジョン期待効果	経営革新経営企画 As-Is・To-Be	経営革新計画書・申請書作成	経営革新計画申請・承認	経営革新フォローアップ効果実現	ミーコッシュ
【IT構築プロセス】	IT構築戦略ビジョン期待効果	IT構築経営企画 As-Is・To-Be	IT構築資源調達 RFP作成	IT構築開発・検収・テスト・移行	IT構築運用・保守・効果実現	ミーコッシュ
【企業再生プロセス】	企業再生戦略ビジョン期待効果	企業再生経営企画 As-Is・To-Be	企業再生DD事業計画作成	企業再生DD事業計画発表・同意	企業再生実施・モニタリング	ミーコッシュ

要がある。

　MMMでは，事業性評価の要素整備度の状況，業種別・ライフステージ別・状況選択に応じたある一定のアルゴリズムによって，その変更が可能となっている。これにより，高い精度で，1年，2年，3年先に事業性評価が向上した場合の期待効果が算出できる。

(2) 事業性評価としてのライフステージ別診断が必要となる

　今回の金融庁ベンチマークでも，企業のライフステージが指摘されている。企業のライフステージにはさまざまな段階があり（**図表2-2**），たとえば，以下のように，それぞれに応じた診断・評価を行う必要がある。

◆ 企業のライフステージに応じた診断・評価
　① 創業期：創業・ベンチャーステージの診断
　② 成長期・成熟期：経営革新診断，IT構築診断
　③ 衰退期の窮境初期：経営革新・M&A・新連携診断
　④ 衰退期の窮境中期：経営革新・企業再生診断
　⑤ 衰退期の窮境末期：管理的破綻診断，法的整理診断など

これらのうち，本書では，主に企業再生を中心に説明していく。

(3) 事業性評価としての要素別・階層別診断を組み合わせる
① MMMメソッドの構成

　図表2-3はMMMメソッドの構成を示すもので，機能構成図と呼ばれるものである。縦3×横3の9つのセグメントに分割された囲み（以下，曼荼羅（マンダラ））が，縦3×横3の形で9つ配置されている。

　中心にある曼荼羅を見ると，中央のセグメントに「1　共通総合診断（階層レベル1）」とある。中央のセグメントは，何の評価（診断）を行うのか，その項目を書き入れる欄である。つまり，共通総合診断を行うマトリックスであ

図表 2-2　企業のライフステージと企業ドックの関連

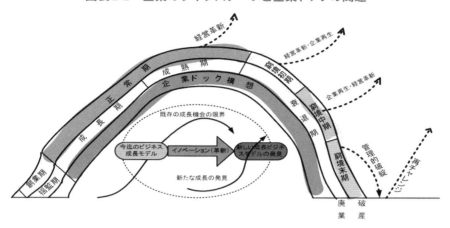

図表 2-3　MMMメソッドの階層レベル1・2
（5つの要素別・成功要因・PDCAサイクルの体系）

第2章　「金融仲介機能のベンチマーク」は事業性評価を求めている　39

ることを示している。「階層レベル1」とあるのは，この曼荼羅がMMMメソッドの出発点であることを示している。階層レベルは，1〜5までの5段階ある。

ここで，階層レベルの説明をする前に，周囲の8つのセグメントに目を移してほしい。そこには，事業性評価の要素と事業の成功要因が書き込まれている。ここに整理すると，次のとおりである。

◆ **事業性評価の要素**
　　1-2　マインドウェア
　　1-3　ヒューマンウェア
　　1-4　コミュニケーションウェア
　　1-5　ソフトウェア
　　1-6　ハードウェア

◆ **事業の成功要因**
　　1-1　品質
　　1-8　時間
　　1-7　コスト

前述のように，これらのうち，5つの要素からその整備度を見て，現在の事業性評価と1年・2年・3年先までの事業の改善予測をしていく。なお，「1-1，1-2」などの数字は機能番号と呼ばれ，MMMメソッド全体で膨大な量となる診断項目を整理し，効率的かつ正確な診断をするうえで欠かせないものである。

さて，階層レベルの説明に移ろう。周囲に配置された8つの曼荼羅を見てほしい。これらは，上記の3つの成功要因と5つの事業性評価の要素をさらに詳細に評価するための曼荼羅である。それぞれの曼荼羅の中央のには診断の対象となる項目が書き込まれていて，それらが中央の曼荼羅の周囲8つのセグメントに対応していることがわかる。これら8つの曼荼羅が，階層レベル2の評価

を行う曼荼羅である。

　これらのうち，さらに詳細な評価を行う必要がある項目があれば，その項目を中心に据えた曼荼羅を作る。このようにして階層レベルを深めていくことで，体系的で詳細な事業性評価が可能となる。この作業をドリルダウンと呼んでいる。これについては，本項⑤の「5つの階層」で，図表を見ながら説明する。

　なお，周囲に配置された曼荼羅には，3つの成功要因の代わりに，PLAN・CHECK・ACTIONと書かれている。そして，DOは書かれていない。これについては，次項の「(4) PDCAサイクル」で説明するように，DOは5つの構成要素（MiHCoSH）を実施することを意味しているから記載されていない。

② 5つの要素別診断

　事業性評価の要素とは，以下のとおりである。

a) マインドウェア

　理念・考え方や戦略ビジョンなどの知的資産をマインドウェアと定義している。マインドウェアには，①経営戦略（ビジョン），②経営者（人的能力），③組織能力，④社会的責任，⑤人事・労務──が含まれる。

　今回の金融庁の指針で大きくクローズアップされているのが，意識改革である。これは金融機関・取引先にとっても意識改革なくして，事業の変革はなしえないということである。

b) ヒューマンウェア

　やり方やノウハウなどの知的資産をヒューマンウェアと定義している。ヒューマンウェアには，①外部環境分析スキル，②外・内部環境分析，ビジネスモデル・BIIモデルスキル，③技術力，④企業ガバナンス策定スキル，データ活用スキル，⑤ライフステージ別出口戦略スキル──が含まれる。業種・業態別・ライフステージ別事業性評価において，どのようにして事業性を実現し

て成果を上げるかを評価するためのノウハウである。

c）コミュニケーションウェア

約束事やビジネスプロトコル，コミュニケーション能力などの知的資産をコミュニケーションウェアと定義している。コミュニケーションウェアには，①法律・政令・省令等の遵守，②企業内の約束事，③人対人のコミュニケーション能力，④ビジネスプロトコル（EDI：電子的データ交換など），⑤ネットワーク・情報共有・情報公開――などが含まれる。最近，このコミュニケーション能力が落ちているともいわれている。

d）ソフトウェア

知的財産権をここではソフトウェアと定義している。知的資産としての，マインドウェア・ヒューマンウェア，コミュニケーションウェアとともに，①プログラム以外の知的財産権としての，特許権・実用新案・意匠権・商標権・著作権や，②業務系プログラム，③コミュニケーションプログラム，④セキュリティプログラム，⑤オペレーションシステム――などの評価を適正に行う。

金融庁ベンチマーク・ローカルベンチマークとも，直接的には知的資産評価をうたっていないが，底辺にはそれを求めていることがうかがえる。

e）ハードウェア

有形資産をハードウェアと定義している。①土地，②建物，③設備・車両，④セキュリティ機器，⑤情報機器――などがある。

③ 事業評価表の採点をする

図表2-4は事業性評価の要素整備度を診断（評価）するものである。各項目が，図表2-3の階層レベル2の曼荼羅に書き込まれた項目に対応していることを確認してほしい。この診断表に従って，要素整備度を1～5で採点していく。このプログラムの具体的な説明は，本章第2節でする。

図表2-4 事業性評価としての要素整備度評価表

要素整備度評価表Ver 10.3

記述日	
評価者	

機能番号1 ： 企業ドック/要素別・階層別診断 / 階層レベル1 / 共通総合診断(階層レベル1)

要素整備度評価表	要素整備度レベル	要素整備度評価の内容	評価スコア
	レベル1	IT・経営革新・企業再生等成功のための諸条件が、殆どできていない。又は殆どできない。	1
	レベル2	〃	あまりできていない。又はあまりできない。	2
	レベル3	〃	なんとかできている。又はなんとかできる。	3
	レベル4	〃	ほぼできている。又はほぼできる。	4
	レベル5	〃	完全にできている。又は完全にできる。	5

NO		評価項目	評価項目の補足説明	要素整備度			
				現状	1年後	2年後	3年後
2 (マインドウェア) 観念・考え方		経営戦略(ビジョン)	KGI(最終到達目標)・SWOT分析・成功要因・ドメイン・コアコンピタンス・マネジメント要件・期待効果等は適正か。(ツール98-1・132・35・36・38・39・163・82・134・40参照)				
		経営者(人的能力)	経営者の成功への情熱と人間性、企業倫理・リーダーシップ・マネジメント力、顧客・従業員満足度、人材育成、等は適正か。(ツール142・144参照)				
		組織能力	組織デザイン、組織構造、組織マネジメント、企業文化、価値観の共有、等は適正か。(ツール121・122・23・24参照)				
		社会的責任	経営の透明性、環境対応、社会的要請への対応、雇用・安心・安全整備は適正か。				
		人事・労務	組織体の業績評価、能力給への移行、キャリアパス、退職金、HRM(人的資源管理)整備は適正か。(ツール169・274参照)				
3 ヒューマンウェア スキル・やり方		外部環境分析スキル	STEEP分析・業界関係分析・ファイブフォース分析・SWOT分析スキルは十分か。(ツール28・28-1・29・30・35参照)				
		内部環境分析・ソリューションスキル	ビジネスモデル、BIIモデル(As-Is・To-Beモデル)、企画書・計画書・調達・開発・運用・保守等のスキルは充分か。(ツール34・315-4・248・249参照)				
		技術力	研究開発技術・生産技術・流通技術・人材育成技術・情報技術は充分か。(ツール94・272・226参照)				
		企業ガバナンス	統制環境業務・リスク評価と対応業務・統制活動業務・情報と伝達業務・ITへの対応業務プロセス構築は出来ているか(ツール251参照)				
		ライフステージEXIT(出口)戦略スキル	創業・経営革新・IT構築・M&A・企業再生・廃業・再チャレンジ・ノウハウは持っているか。(ツール237・25・42参照)				
4 コミュニケーション 約束事・EDI		法律政令・省令の遵守	商法・新会社法・労働法・中小企業基本法・税法等を理解し、遵守までの時間は算出され、それは適正か。				
		企業内の約束ごと	従業員マナー(ANAの例)、従業員行動規範、分掌規定、就業規則・附則・その他等は理解され順守され、それは適正か(ツール277参照)				
		コミュニケーションルール	メラビアンの法則・コミュニケーションの基本原則・人的ビジネスプロトコル・ネットワーク・情報共有等は。(ツール120・193・277参照)				
		ビジネスプロトコル	商慣行、取引基本規約・取引運用規約・取引表現規約・取引通信規約整備等は適正か。(ツール259・277参照)				
		ネットワーク、情報共有、情報公開	ネットワーク形態・通信サービス・情報公開・社内の情報共有・ビジネスパートナーとの共有等の整備は適正か。(ツール277・305参照)				
5 ソフトウェア (知的財産権)		ソフトプログラム以外の知的財産権	特許権・実用新案・意匠権・商標権・著作権の管理・整備は適正か。(ツール336参照)				
		業務系ソフトウェア	資源調達・製造・物流・販売・サービス等の業務ソフトは適正か。(ツール219・298・299・336参照)				
		コミュニケーションソフトウェア	電子コミュニケーション・電子会議ツール・共同管理(コーディネーション)・電子掲示板・ライブラリー機能等のソフトは適正選択しているか(ツール305参照)				
		セキュリティソフトウェア	業務系ソフトウェア、情報系ソフトウェア、コミュニケーションソフトウェア、セキュリティソフトウェア等の維持管理は適正か(ツール304参照)				
		オペレーティングシステム(O/S)	Android, BSD, iOS, Linux, Microsoft Windows, OS X, Windows Phone, IBM z/OSなどは適正なものを選択しているか。(ツール207・295参照)				
6 ハードウェア (有形資産)		土地	社有地の有効活用度合、社有地の賃貸有効活用度合、社有地の価値、賃借地の活用度合:賃借地の価値と地代等は適正か。				
		建物	社有建物の有効利用度合い、賃貸建物の有効活用度合い、社有建物の価値と担保能力、賃借建物の有効活用度合い、賃借建物の価値等と地代との判断から見て賃借料等は適正か。				
		設備・車輌	社有設備・車両・社有設備・車両の活用度合い、社有設備・車両の担保能力、賃借設備・車輌の活用度合い、賃借設備・車両の価値から見て賃借料等は適正か。				
		セキュリティ機器	オートロック、生態認証、防犯カメラ、他の防犯機器、UTM(総合脅威管理機器)の整備は適正か。				
		情報機器	端末システム機器、クライアント・サーバー関連機器・生産製造関連機器・物流関連機器・通信関連機器等の整備は適正か。(ツール207・221参照)				

※上表においては、MMMの1〜8のうち、1.品質、7.コスト、8.時間は定型的なので記載しない。2〜6の部分のみ評価を行う。

④ 3つの成功要因と成功・失敗の判断

事業性評価をしたら，事業計画書を立て，実行し，結果として効果が出ているか否かを診断する。そのための項目が，①品質，②コスト，③時間（納期）——の3つの成功要因である。

a）品　質

品質を高めるには，内部・外部のコミュニケーションを高める必要がある。「私は聞いていなかった」とか，IT導入の際に外部のベンダーから聞かれる「これは当初の予定には入っていなかった」など，コミュニケーションギャップによって品質が損なわれることが少なくない。

それらを解消するためには，①経営系とIT系とのコミュニケーションギャップを解消する，②各プロセス間のギャップを解消する，③トップとロウアーのギャップを解消する，④ユーザーとベンダー間のギャップを解消する，⑤IT業界ではリファレンス（参考モデル）間のギャップが起きないようにする——必要がある。

この品質の向上によって事業性評価が高まり，事業体の収益をいかに上げていくかに結びつけなければならない。それについては，本章第2節と関連させて理解してほしい。

b）コスト

①コスト見積，②コストの予算化，③コスト・コントロール，④実測測定，⑤変更のコントロール——などの評価がある。

c）時間（納期）

①WBS（ワーク・ブレイクダウン・ストラクチャー），②クリティカルパス法，③ファースト・トラッキング，④資源平準化，⑤アンド・バリュー・マネジメント——などの評価を行う。

図表2-5　中小企業のIT経営革新成功のための諸条件調査票（成功・失敗の評価と判断）

区分	評価基準内容		評価スコア
品質遵守率	RFPの要求に対して完成率	20%未満またはコンピュータが稼動していない	1
	〃	20%以上～40%未満。コンピュータが一部稼動しているのみ	2
	〃	40%以上～60%未満。コンピュータが部分的に稼動しているのみ	3
	〃	60%以上～80%未満。コンピュータが稼動しているが一部未完成	4
	〃	80%以上。コンピュータがほぼ予定通り稼動している	5
コスト遵守率	RFP提出時の見積金額より	190%以上	1
	〃	160%以上～190%未満	2
	〃	130%以上～160%未満	3
	〃	110%以上～130%未満	4
	〃	100%以下～110%未満	5
納期遵守率	RFP提出時の完成予定納期	190%以上	1
	〃	160%以上～190%未満	2
	〃	130%以上～160%未満	3
	〃	110%以上～130%未満	4
	〃	100%以下～110%未満	5
判定	品質遵守率評価スコア+コスト遵守率評価スコア+納期遵守率評価スコア= 9点以下		失敗
	〃　　=10点以上		成功

d）成功・失敗の判断

図表2-5は，事業再生・IT導入などにおける，成功・失敗の判定基準である。

⑤　5つの階層

前述したように，事業性評価によって実務での成果を上げる支援をする場合，MMMメソッドは階層1～5のレベルまでドリルダウンして詳細に評価することができる。ここでは，階層レベル1のヒューマンウェアをドリルダウンしていくことで，企業再生のプロセスへと入っていく作業を例に説明する。

a）階層レベル1：共通総合診断（共通）

これについては前述したとおりである。図表2-3の中心にある曼荼羅に示した5つのウェア（要素）が，企業ドック診断MMMメソッドの階層レベル1である。この診断（評価）は「共通」と記述してあるとおり，経営革新・IT構

築・企業再生等のライフステージについて共通して診断を行う。

b) 階層レベル2：専門科目診断（共通）

詳しく事業性評価をしようとする場合に，階層レベル2が用いられる。**図表2-3**の外郭に示された階層レベル2の5つの要素について，**図表2-4**の要素整備度評価表を用いて事業性評価スコアを記述していく。

階層レベル3までが共通の診断である。ここから先は，より詳細な診断をする項目を選択・抽出してドリルダウンしていく。

では，冒頭で述べたとおり，ヒューマンウェアについてドリルダウンしてみる。**図表2-3**を見ると，ヒューマンウェアの項目と曼荼羅が点線で囲われている。これをドリルダウンしたものが，**図表2-6**である。中心の曼荼羅が階層レベル2，周囲の曼荼羅が階層レベル3である。

c) 階層レベル3：精密検査診断

図表2-6を見ると，階層レベル2では5つだった診断要素を階層レベル3に掘り下げることで，より精密に診断できることがわかる。これに対応した要素整備度評価表を用いて評価を行う。その結果，さらに詳細な診断をしたい要素についてドリルダウンする。

ここでは，点線で囲われた「出口戦略」をドリルダウンしてみる。その結果が，**図表2-7**である。

d) 階層レベル4：高精密診断

図表2-7は，出口戦略の階層レベル3と4を示している。階層レベル3では「出口戦略」と一口に言っていたものが，階層レベル4では，「経営革新計画」「IT構築・活用出口」「連携・M&A出口」「企業再生出口」「廃業・破綻・再チャレンジスキル出口」と，より具体的な要素として明示される。このレベルの曼荼羅の機能番号「2～6」を見ると，工事中のものを除いて，「～スキル」の文字が読みとれる。つまり，ここではスキルを診断（評価）することにな

図表2-6 MMMメソッドの階層レベル2・3
（5つの要素別・成功要因・PDCAサイクル）

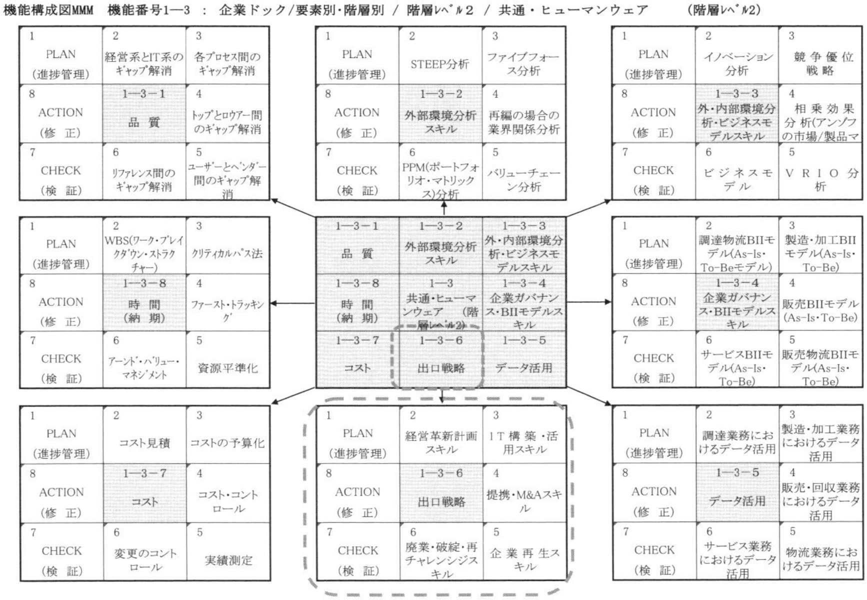

機能構成図MMM　機能番号1—3　：　企業ドック／要素別・階層別　／　階層レベル2　／　共通・ヒューマンウェア　　　（階層レベル2）

る。

どの出口を選ぶのか，あるいは，選ばざるをえないのか。それは当然ながら，企業ごとに異なる。ここでは，点線で囲われている「企業再生出口」をドリルダウンしてみる。その結果が，**図表2-8**である。

e）階層レベル5：超精密度診断

図表2-8が階層レベル4と5である。中央の曼荼羅を見ると，**図表2-7**では「企業再生出口」とあったものが，「企業再生プロセス」に変わっている。その周囲の要素のセグメントには，「企業再生戦略ビジョン・期待効果」「事業再生企画（As-Is・To-Be）」「事業計画の策定」「事業再生・調査報告書の発表・同意」「フォローアップ（モニタリング）」とある。つまり，この階層レベルは目

図表2-7　MMMメソッドの階層レベル3・4
（5つの要素別・成功要因・PDCAサイクル）

機能構成図MMM　機能番号1－3－6　：企業ドック／要素別・階層別／階層レベル3／共通・HUW・出口戦略　　（階層レベル3）

1 PLAN (進捗管理)	2 経営系とIT系のギャップ解消	3 各プロセス間のギャップ解消		1 PLAN (進捗管理)	2 経営革新戦略ビジョン・期待効果実現スキ	3 経営革新経営企画・As-Is、To-Be、		1 PLAN (進捗管理)	2 IT構築戦略ビジョン・期待効果実現スキ	3 IT構築経営企画・As-Is・To-Be策定スキル
8 ACTION (修正)	1-3-6-1 品質	4 トップとローア間のギャップ解消		8 ACTION (修正)	1-3-6-2 経営革新計画出口	4 経営革新計画申請書の作成		8 ACTION (修正)	1-3-6-3 IT構築・活用出口	4 IT構築資源調達・RFP作成スキル
7 CHECK (検証)	6 リファレンス間のギャップ解消	5 ユーザーとベンダーのギャップ解消		7 CHECK (検証)	6 経営革新フォローアップ・効果実現スキル	5 経営革新計画申請・承認		7 CHECK (検証)	6 IT構築運用・保守・効果実現スキル	5 IT構築開発・検収・テスト・移行スキル

1 PLAN (進捗管理)	2 WBS (ワーク・ブレイクダウン・ストラクチャー)	3 クリティカルパス法		1-3-6-1 品質	1-3-6-2 経営革新計画出口	1-3-6-3 IT構築・活用出口		1 PLAN (進捗管理)	2 工事中	3 工事中
8 ACTION (修正)	1-3-6-8 時間 (納期)	4 ファスト・トラッキング		1-3-6-8 時間 (納期)	1-3-6-0 共通・HUW・出口戦略 (階層レベル3)	1-3-6-4 連携・M&A出口		8 ACTION (修正)	1-3-6-4 連携・M&A出口	4 工事中
7 CHECK (検証)	6 アンド・バリュー・マネジメント	5 資源平準化		1-3-6-9 コスト	1-3-6-7 廃業・破綻・再チャレンジ出口	1-3-6-5 企業再生出口		7 CHECK (検証)	6 工事中	5 工事中

1 PLAN (進捗管理)	2 コスト見積	3 コストの予化		1 PLAN (進捗管理)	2 工事中	3 工事中		1 PLAN (進捗管理)	2 企業再生戦略ビジョン・期待効果実現スキ	3 企業再生経営企画・As-Is・To-Be策定スキ
8 ACTION (修正)	1-3-6-7 コスト	4 コスト・コントロール		8 ACTION (修正)	1-3-6-6 廃業・破綻・再チャレンジスキル出口	4 工事中		8 ACTION (修正)	1-3-6-5 企業再生出口	4 企業再生・事業計画書の策定スキル
7 CHECK (検証)	6 変更のコントロール	5 実績測定		7 CHECK (検証)	6 工事中	5 工事中		7 CHECK (検証)	6 企業再生実施・モニタリングスキル	5 企業再生・調査報告書の発表・同意スキル

標に向けた具体的なプロセスを診断する段階である（**図表2-9**）。

　以上のように，各階層でより深く事業性評価ができる。事業性の成果実現のための実務支援において活用する場合に，ドリルダウンして活用する仕掛けになっている。

　ここでは，本書のテーマに関係する重要と思われる部分，それも最小限の説明にとどめたが，MMMメソッドは，事業性評価全体で500ページ，それをサポートするツールが400ページ，事例説明41ページ，用語説明12ページ，合計994ページに及ぶ。創業期から衰退期の窮境末期まで，すべてのライフサイクルに対応した診断（事業性評価）・支援が効果的にできる内容になっている。

図表2-8　MMMメソッドの階層レベル4・5
（5つの要素別・成功要因・PDCAサイクル）

機能構成図MMM　機能番号1-3-6-5：企業ドック/要素別・階層別診断／階層レベル4／出口/HuW/企業再生　プロセス

	1 PLAN (進捗管理)	2 経営系とIT系のギャップ解消	3 各プロセス間のギャップ解消		1 PLAN (進捗管理)	2 KGI社長の思い入れ	3 SWOT分析・成功要因		1 PLAN (進捗管理)	2 ビジネスモデル	3 BII(ビジネス情報統合)モデル(As-Is:現状)
	8 ACTION (修正)	1-3-6-5-1 品質	トップとローラ間のギャップ解消		8 ACTION (修正)	1-3-6-5-2 ①事業再生戦略ビジョン・期待効果	事業ドメイン・コアコンピタンス		8 ACTION (修正)	事業再生企画 (As-Is→To-Be)	BII(ビジネス情報統合)モデル(To-Be:革新)
	7 CHECK (検証)	リファレンス間のギャップ解消	ユーザーとベンダーのギャップ解消		7 CHECK (検証)	事業再生・IT構築期待効果	マネジメント要件		7 CHECK (検証)	出力(帳票・画面)	下位情報モデル(モデリング)

	1 PLAN (進捗管理)	2 WBS(ワーク・ブレイクダウン・ストラクチャー)	3 クリティカルパス法		1-3-6-5-1 品質	①事業再生戦略ビジョン・期待効果	事業再生企画 (As-Is→To-Be)		1 PLAN (進捗管理)	2 窮境原因の明確化	3 事業計画の骨子
	8 ACTION (修正)	1-3-6-5-8 時間(納期)	ファスト・トラッキング		1-3-6-5-8 時間(納期)	出口/HuW/企業再生プロセス	③事業計画の策定		8 ACTION (修正)	1-3-6-5-3 ③事業計画の策定	企業再生期間・効果・スケジュール
	7 CHECK (検証)	アンド・バリュー・マネジメント	資源平準化		1-3-6-5-7 コスト	⑤フォローアップ(モニタリング)	1-3-6-5-3 事業再生・調査報告書の発表・同意		7 CHECK (検証)	事業計画の推移	事業計画の実現可能性

	1 PLAN (進捗管理)	2 コスト見積	3 コストの予算化		1 PLAN (進捗管理)	2 具体的改善策の支援	3 総括表によるモニタリング		1 PLAN (進捗管理)	2 企業の概況・SWOT分析	3 窮境の要因と課題点・問題点
	8 ACTION (修正)	1-3-6-5-7 コスト	コスト・コントロール		8 ACTION (修正)	1-3-6-5-6 ⑤フォローアップ(モニタリング)	深堀したモニタリング		8 ACTION (修正)	1-3-6-5-3 ④事業再生・調査報告書の発表・同意	課題点・問題点の解決策・期待効果
	7 CHECK (検証)	変更のコントロール	実績測定		7 CHECK (検証)	再生計画の再策定	メイン銀行・協議会との協議		7 CHECK (検証)	計画の実現可能性・可能性についての意見	債務超過解消年数・債務償還年数

（4）PDCAサイクル

PDCAサイクルは，通常PLAN（計画），DO（実行），CHECK（検証），ACTION（修正）と理解されているが，企業ドック診断MMMメソッドにおいても，同じような意味合いで考えてよい。

図表2-3の「階層レベル1（共通総合診断）」で説明すると，**図表2-10**のようになる。

しかし，**図表2-3**を見ると，たとえば，階層レベル2の機能番号1-2マインドウェア（理念・考え方）では，PLAN，CHECK，ACTIONは記載されているが，DOが記載されていない。DOは，マインドウェアの2（経営戦略ビジョン）〜6（人事・労務）までがそれに該当する。

図表2-9 階層レベル4/出口戦略/HuW/企業再生スキル 事業整備度評価表

要素整備度評価表Ver 10.4

機能番号1-3-6-5 : 企業ドック／要素別・階層別診断／階層レベル4　　出口/HuW/企業再生　　プロセス

記述日	年	月	日
評価者			

要素整備度評価表	要素整備度レベル	要素整備度評価の内容	評価スコア
	レベル1	企業再生・IT構築等成功のための諸条件が、殆どできていない。又は殆どできない。	1
	レベル2	〃　あまりできていない。又はあまりできない。	2
	レベル3	〃　なんとかできている。又はなんとかできる。	3
	レベル4	〃　ほぼできている。又はほぼできる。	4
	レベル5	〃　完全にできている。又は完全にできる。	5

NO		評価項目	評価項目の補足説明	要素整備度			
				現状	1年後	2年後	3年後
2	①事業再生期待効果ビジョン	KGI社長の思い入れ	事業再生・IT構築最終到達目標(KGI)・理想の姿・使命感、会社のミッション、オブジェクトを表現するスキルを有するか。（ツール132参照）				
		SWOT分析・成功要因	事業機会を自社の強みにする、脅威を自社の事業機会に変える、機会を自社の弱みで取りこぼさない様、脅威と弱みの補正のスキルを有するか。（ツール35参照）				
		事業ドメイン・コアコンピタンス	顧客（市場）軸(WHO)、技術軸(HOW)、機能軸(コアコンピタンス:WHAT)、差別的技術スキル、差別的ノウハウを有するか。（ツール36参照）				
		マネジメント要件	マインドウェアマネジメント・ヒューマンウェアマネジメント・コミュニケーションウェアマネジメント・ソフトウェアマネジメント・ハードウェアマネジメントの各要件の形式化スキルを有するか。（ツール134参照）				
		事業再生・IT構築期待効果	KPI(経過目標)・ABC(活動基準原価計算)・ベンチマーキング・バランススコアカード・ROI(投下資本収益率)等で定めるスキルを有するか。（ツール132参照）				
3	②事業再生To-Be(As-Is)	ビジネスモデル	ビジネス領域（ドメイン）、資源展開、競争優位、相乗効果等を駆使したビジネスモデル策定スキルを有するか。（ツール34参照）				
		BII(ビジネス情報統合)モデル(As-Is:現状)	製造・加工業務、販売業務、物流業務等の現状業務をBII(ビジネス・情報統合モデル)モデルに落とし込むスキルを有するか。（ツール256参照）				
		BII(ビジネス情報統合)モデル(To-Be:革新)	製造・加工業務、販売業務、物流業務等の革新業務をBII(ビジネス・情報統合モデル)モデルに落とし込むスキルを有するか。（ツール257参照）				
		下位情報モデル(モデリング)	ビジネスプロセスモデル(DFD)、上位情報モデル(ERD)、ジェネリック情報モデルの突き合わせスキルを有するか。（ツール21参照）				
		出力(帳票・画面)	購買業務出力、製造・加工業務出力、販売業務出力、物流業務出力、経営資源活動業務出力、等帳票や画面の企画策定スキルを有するか。（ツール219参照）				
4	③事業計画の策定	窮境原因の明確化	SWOT分析の結果から、窮境原因を特定する。過大な投資、棚卸資産は適正か、ビジネスプロセスに無駄はないか、役員報酬に適正か等である。（ツール35参照）				
		事業計画の骨子	窮境原因に挙げた問題点・課題点に対する具体策を練る。				
		事業再生期間・効果・スケジュール	事業計画骨子の結果、再生効果を算出し、C/Fを算出し再生期間を債務超過解消期日、債務償還年月を明確にしそれらをスケジュール化する。				
		事業計画の実現可能性	企業再生計画の実現可能性について、可能性の根拠を確認し、中小企業診断士等の意見を述べる。（ツール388参照）				
		事業計画の推移	企業再生計画の年度別の利益予測を出してその推移を算出する。				
5	④事業再生・調査報告書の発表・同意	企業の概況・SWOT分析	再生事業計画を調査報告書にまとめるが、ここでも企業の概況・SWOT分析を記述する。（ツール35参照）				
		窮境の要因と課題点・問題点	再生事業計画を調査報告書にまとめるが、ここでも窮境の原因と課題点・問題点を記述する。				
		課題点・問題点の解決案・期待効果	再生事業計画を調査報告書にまとめるが、ここでも課題点・問題点の解決案、それに伴う期待効果を記述する。				
		債務超過解消年数・債務償還年数	再生事業計画を調査報告書にまとめるが、ここでも債務超過の解消年数、債務償還年数を記述する。				
		計画の実現可能性・可能性についての意見	再生事業計画を調査報告書にまとめるが、ここでも計画の実現可能性・可能性についての意見を記述する。（ツール383参照）				
6	⑤フォローアップ(モ	具体的改善策の支援	企業再生事業計画を具体的に推進するための支援を行う。（ツール398参照）				
		総括表によるモニタリング	計画終了後、一定期間を経過後にフォローアップとしてのモニタリングがなされる。総括表は簡易版でモニタリングする場合のもの。（ツール399参照）				
		深堀したモニタリング	計画終了後、一定期間を経過後にフォローアップとしてのモニタリングがなされる。深堀したモニタリングは本格的な支援をする場合のもの。（ツール400参照）				
		メイン銀行・協議会との協議	計画終了後、一定期間を経過後にフォローアップとしてのモニタリングがなされる。メイン銀行・協議会・企業・中小企業診断士等で行われる。				
		再生計画の再策定	計画終了後、一定期間を経過後にフォローアップとしてのモニタリングがなされる。再生計画道理に行っていない場合には再策定が行われる。				

※上表においては、MMMの1～8のうち、1. PLAN、7. CHECK、8. ACTIONは定型的なので記載しない。2～6の部分のみ評価を行う。

図表2-10　ミーコッシュ式PDCAサイクル

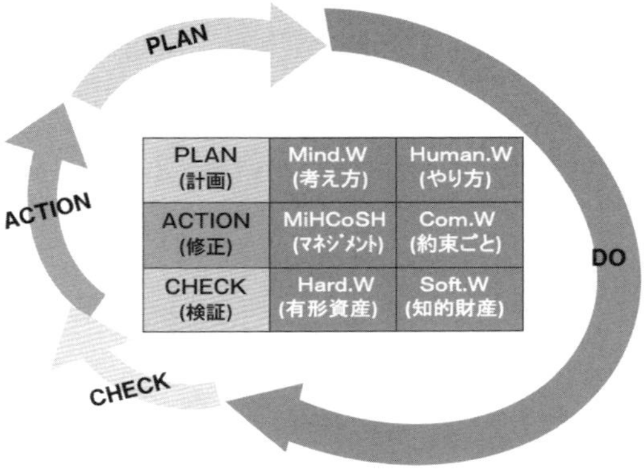
PLAN
ACTION
CHECK
DO
PLAN
(計画)
Mind.W
(考え方)
Human.W
(やり方)
ACTION
(修正)
MiHCoSH
(マネジメント)
Com.W
(約束ごと)
CHECK
(検証)
Hard.W
(有形資産)
Soft.W
(知的財産)

② 抜本改革のための企業再生戦略ビジョンを示せるか

企業再生を行う場合は，多くの困難を乗り越えなければならない。その困難を乗り切る勇気を与えてくれるのが，企業再生戦略ビジョンである。**図表2-11**に示すように，目的を明確にして常にメンバー全体で共有することで，乗り越えることが可能となる。ここでは，MMMメソッドの例を示そう。

以下，戦略ビジョンの内容について説明する。

(1) 再生に対するKGI・社長の思い入れはどの程度か

図表2-11の左上に，経営目標（KGI）を書き込む欄がある。KGIとは，最終到達目標のことである。ここに書き込む内容として，たとえば，「3年間で債務超過の解消」などが考えられる。また，その隣の社長の思い入れを書き込む欄には，たとえば，「社員の働きがいのある持続可能性の高い企業」など，この会社をどのような会社にしたいのかが書き込まれることになる。

図表2-11 企業再生・IT・経営革新のための戦略ビジョン

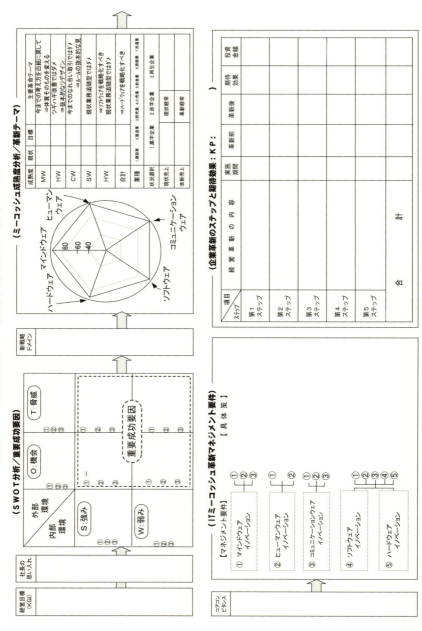

（2）SWOT分析・成功要因は整備されているか

内部環境を強み（S），弱み（W），外部環境を機会（O），脅威（T）に分けて抽出し，その交点に相当するところが成功要因となる。

たとえば，強みと機会の交点となる事業機会を自社の強みにするには，どのようなことが必要かを記述する（図表2-12）。

図表2-12　クロスSWOT分析ツール/成功要因/生存領域

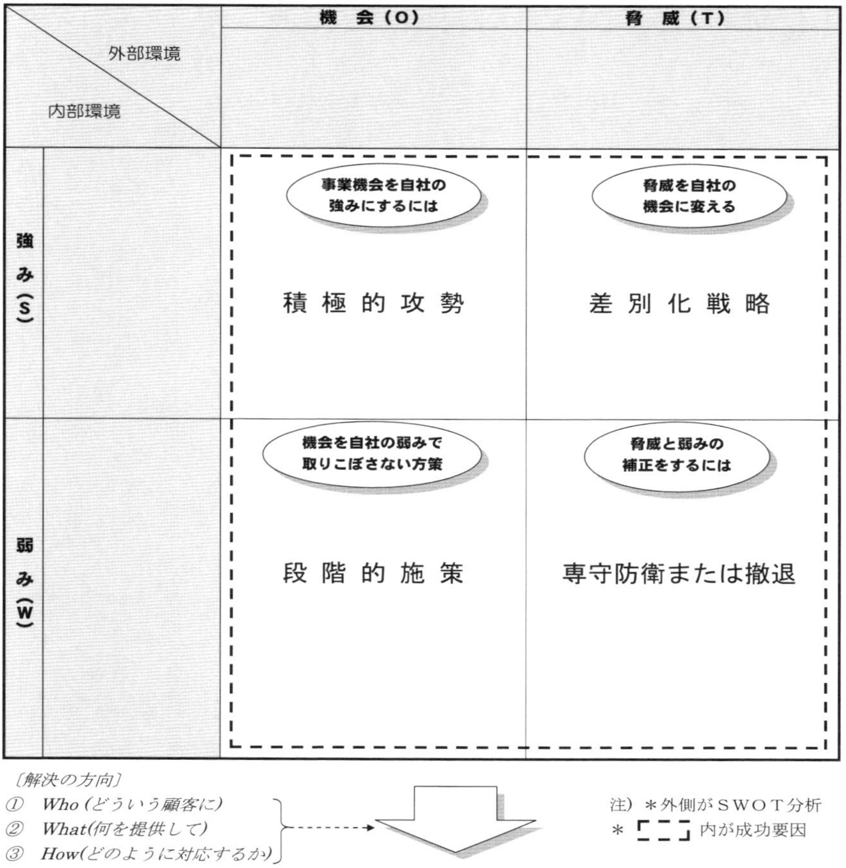

内部環境 ＼ 外部環境	機会（O）	脅威（T）
強み（S）	事業機会を自社の強みにするには **積極的攻勢**	脅威を自社の機会に変える **差別化戦略**
弱み（W）	機会を自社の弱みで取りこぼさない方策 **段階的施策**	脅威と弱みの補正をするには **専守防衛または撤退**

〔解決の方向〕
① Who（どういう顧客に）
② What（何を提供して）
③ How（どのように対応するか）

注）＊外側がＳＷＯＴ分析
　　＊ 「- - -」内が成功要因

(3) 事業ドメイン・コアコンピタンスは明確か

図表2-13のように3次元ドメイン分析を行うには，顧客軸，技術軸，機能軸から見る必要がある。具体的には，図表2-13の下部に示されたようになる。

＜事業性評価と要素整備の向上による期待効果の算出プログラムへの入力＞

MMMメソッドでは，図表2-14以下のような手順で事業性評価を行い，要素整備度向上による利益向上期待効果を算出している。たとえば，図表2-4の「事業性評価としての要素整備度評価表」の要素整備度評価スコアから，パッ

図表2-13　3次元ドメイン分析ツール

＊どのような技術、ノウハウで事業を行うか

具体的なドメインの例

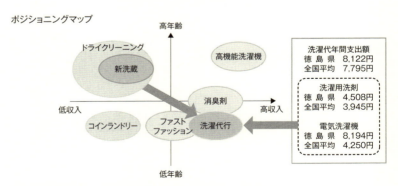

＊ドメインとは活動領域：事業領域：生存領域等といわれているもので、企業などの組織が対象とする事業の広がりのことを意味する。

ケージプログラムによって要素整備度分析評価を行う場合について、そのプロセスを図解すると**図表2-14～2-20**のようになる。

（4）再生に対するマネジメント要件は十分か

マネジメント要件とは、KPI（経過目標）を達成するための要件のことである。MMMメソッドでは、**図表2-21**で示すように、①マインドウェア（考え方）要素におけるものは何か、②ヒューマンウェア（やり方）要素、③コミュニケーションウェア（約束事）要素、④ソフトウェア（知的財産権）要素、⑤ハードウェア（有形資産）要素における要件は何かを分けて列挙する。

この内容は、企業によって異なるものであるが、マインドウェアなどの構成要素のなかに事業性評価がすべて含まれるので、疑問点がある場合には、5つのウェア（構成要素）をドリルダウンして掘り下げて、さらに精密な内容を検討することになる。

（5）事業再生・IT構築期待効果は明確になっているか

戦略ビジョンのなかで、企業のライフステージに関係なく、期待効果としてのKPI（経過目標）は大切で、経営者はここに一番着目するのは当然である（**図表2-22**）。経営革新ステージであれ、IT構築ステージであれ、企業再生ステージであれ、すべてこの戦略ビジョンの期待効果いかんによって、推進する意欲が異なってくるし、経営者のプロジェクトへの期待も違ってくるといえよう。

推進プロジェクトが困難に陥ったり、当初計画から逸脱する傾向が出た場合に、当初戦略ビジョンに立ち返って、何を目的としてスタートしたのか、何の効果を得ようとしているのかを再確認して、最後までプロジェクトメンバーが完遂することができるようにするのが、この戦略ビジョンの役割でもある。

図表2-14　パッケージプログラムによる要素整備度分析評価1（全体体系）

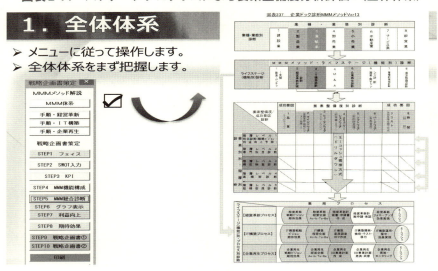

図表2-15　パッケージプログラムによる要素整備度分析評価2（部門ごとのMMMメソッド）

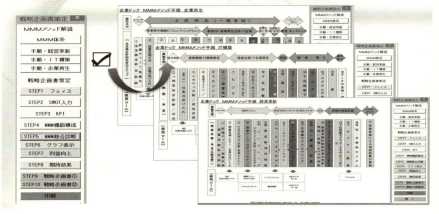

図表 2-16　パッケージプログラムによる要素整備度分析評価 3（戦略スキーム構築）

図表 2-17　パッケージプログラムによる要素整備度分析評価 4（各種ツールの活用 1）

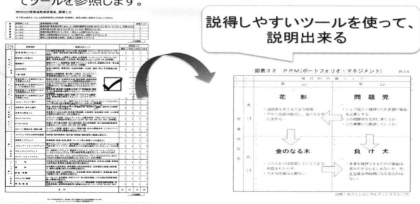

図表2-18　パッケージプログラムによる要素整備度分析評価4（各種ツールの活用2）

５．各種ツールの活用②

> ツールを活用する場合は、各ツール名、もしくはツール対比表をクリックしてツールを参照します。

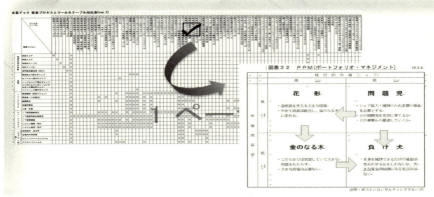

図表2-19　パッケージプログラムによる要素整備度分析評価6（事業性評価1）

６．要素整備度（事業性評価）①

> メニューに従って操作します。
> 企業の事業性を評価します。

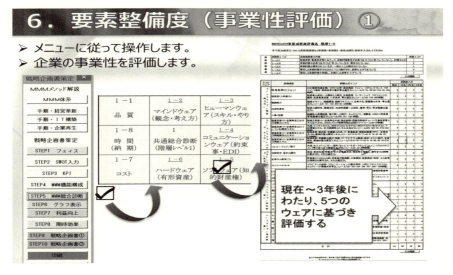

図表2-20　パッケージプログラムによる要素整備度分析評価7（事業性評価2）

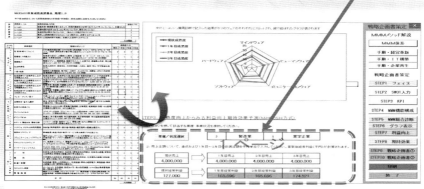

図表2-21　マネジメント要件の例

【ITミーコッシュ（MiHCoSH）革命のマネジメント要件】

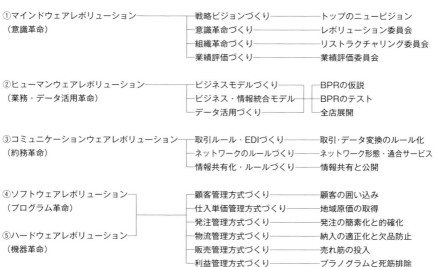

図表2-22　企業再生のステップと期待効果

KPI：11,767万円

ステップ \ 項目	経営革新の内容	実施期間	現状コスト	再生後コスト	期待効果	投資金額
第1ステップ	マテハンの改善による期待効果	10.7～11.6	729.6万円	0円	729.6万円	
第2ステップ	物流業務・システム革新による期待効果	10.7～11.6	5841.7万円	2346.8万円	3494.9万円	
第3ステップ	購買・製造・在庫管理システム革新による期待効果	10.7～11.6	5,161.2万円	1,093.2万円	4,068万円	
第4ステップ	製品・製造資材・原料調達による改善効果	11.1～11.12	3,097.7万円	0円	3,097.7万円	
第5ステップ	受注入力、納品書作成、請求書発行に関する改善効果	10.7～11.6	566.1万円	189.3万円	376.8万円	
合計			15,396.3万円	3,629.3万円	11,767万円	

③ 抜本改革のためのビジネスモデル・業務モデルの提案で具体化できるか

(1) 革新ビジネスモデルの策定で持続可能性と生産性の向上を図る

　ビジネスモデルは，経営戦略の実現のために橋渡しをするもので，それを可視化したものである。よって，企業再生などのときも抜本改革をする場合には，このビジネスモデルの革新が抜本改革と持続可能性のカギとなる。

① 現状ビジネスモデル（As-Isモデル）

　事例をあげれば，**図表2-23**の上の図は，流通の現状ビジネスモデル（As-Isモデル）を表したものである。これを企業が最良のビジネスモデルと思っていても，それは個企業の部分最適であって，流通全体から見ると非効率な面が出るビジネスモデルである。

　なぜならば，消費者，二次卸，一次卸，メーカーというビジネスチャネルにおいて，情報の流れでは，各チャネルを経由して次のチャネルに伝達されるので，都合の悪い情報は次のチャネルに伝わらない可能性があるからである。さ

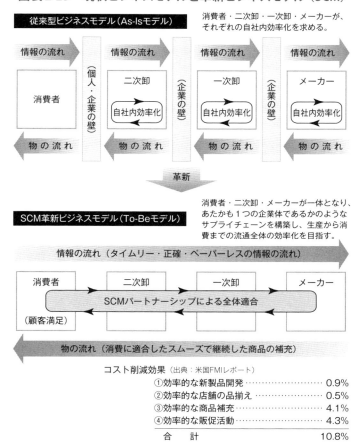

図表2-23　現状ビジネスモデルと革新ビジネスモデル（SCM）

らに、モノの流れは、各チャネルで仕入・在庫・販売の手数をかけた非効率なものになっている。

② 革新ビジネスモデル（To-Beモデル）

一方、**図表2-23**の下部の革新モデル（To-Beモデル）は、各企業の最適化よりも流通全体の最適化を考えたサプライチェーンとして考えるため、チェー

ン全体のコスト削減などの効率化を目指す形態となっている。これが革新モデルということになる。

よって，企業再生を行うときには，このビジネスモデルが旧態依然としたものであっては，時代の環境にそぐわないものとなって，競争力が損なわれて利益が上がらなくなるのである。いかに革新的な利益の上がるビジネスモデルを構築できるかは，企業再生の根幹をなすものである。

(2) ビジネス・情報統合（BII）モデルとしてのAs-Is（現状）モデルは策定できるか

ビジネスモデルをさらに，具体的な現状分析するのがBII[注]モデルである。ここで，現業業務のどこに課題・問題があるかを明確にすることができる。

(3) ビジネス・情報統合（BII）モデルとしてのTo-Be（革新）モデルは策定できるか

AS-Is（現状）モデルで課題点・問題点を明確にしたら，To-Beモデルで解決策を具体的に示すことができるか。図表2-25は具体例である。

(4) 情報モデルとしてのモデリングは策定されているか

To-Beモデルをシステム開発会社がシステム業務と関連づけて整理する手法であるが，To-Beモデルを作成すれば，ユーザー，ベンダー，コンサルタント間の認識のずれは，過去30年間の経験から，生じないといえる。

(5) 出力（帳票・画面）を設計してユーザー・ベンダー間で確認する

経営戦略の橋渡しがビジネスモデルで，それを具現化したものがTo-Beモデルになるが，それをさらに見える化したものが情報モデルである。しかし，情

注）BIIモデル：Business Information Integrated Modelのことで，ビジネス・情報統合モデルと訳す。ビジネス系の業務フローと情報系の業務フローを統合して表示するモデルのことで，小林勇治の造語である。

図表2-24 BIIモデルとしての現状As-Isモデル（県外物流業務の例）

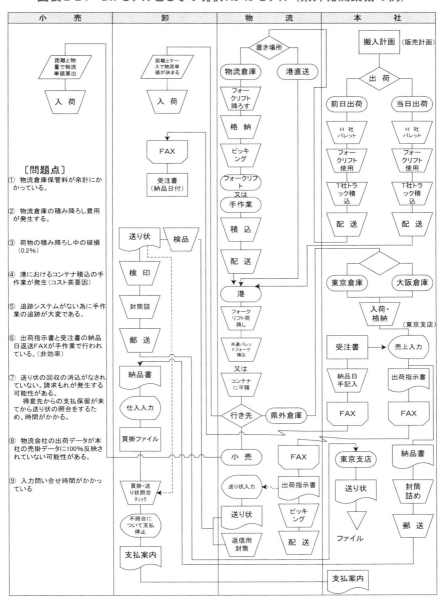

第2章 「金融仲介機能のベンチマーク」は事業性評価を求めている 63

図表2-25 BIIモデルとしての革新To-Beモデル（県外物流業務の例）

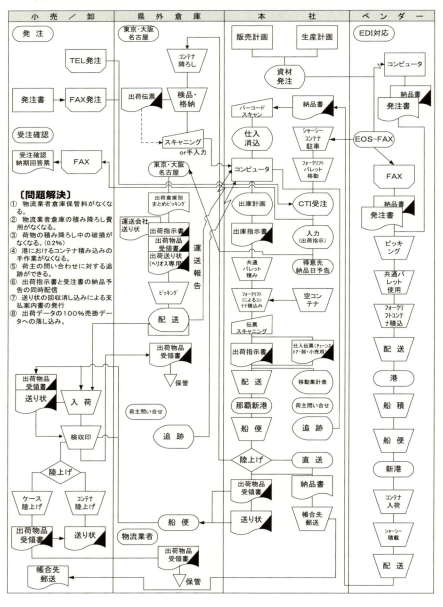

図表 2-26　情報モデル（モデリング）の例

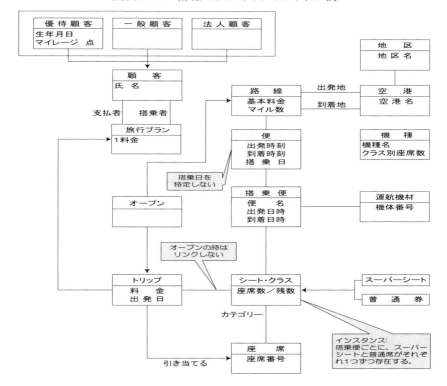

報システムが経営革新や企業再生に並行して導入される場合などにおいては，さらにユーザー・ベンダー間に認識のずれが生じないように，**図表2-27**のようなアウトプット帳票の設計を行って，確認しておく必要がある。

　ところが，現実にはアウトプット帳票があいまいなうちにベンダーを呼んで打ち合わせに入る場合も多く，新しいビジネスモデルに基づくTo-Beモデルを作っても，稼働させる段階で現場からの反対にあい，経営革新が進まない場合も少なくない。こうしたことは，To-Beモデルを作る段階において，現場との議論を積み重ね，合意していない場合によくある。そうならないように注意する必要がある。

図表2-27 メーカー別・得意先別損益管理表

メーカー名 (1)				期間 年月～年月 ( )									場所長							
			売上金額	織り上げ総利益金額及び益引販売利益金額						売上高別利益				物流費(本)						
NO.	得意先	担当	夫婦	直接利益	間接利益	益引販売利益	損益	株売買	益引販売利益	床利益	損益	間接利益	間接利益	損益	株売買	A益引販売利益	売上高比率	算出比率		
(3)	(4)	(5)	(6)	(7)	(8)	(9)	(10)	(11)	(12)	(13)	(14)	(15)	(16)	(17)	(18)	(19)	(20)	(21)		

	営業費(本)						利益金額	売上経費比率	所B	A−B =C C	売上金額 ×C		
	人件費	EDP費	一般経費	合計(率)	合計(率)	合計(率)	益引販売利益	益引間接損益			株売買	備考	
	(22)	(23)	(24)	(25)	(26)	(27)	(28)	(29)			(30)		

④ 抜本改革のための事業計画書の策定ができるか

　企業再生における事業計画書の策定は，通常より緻密さと具体性が求められる。再生の厳しい状況に陥った企業にとって，事業計画は最後の拠り所であり，実行可能な具体的な内容とその根拠，そして進め方が示されていなければならない。MMMメソッドでは，業種業態の特性を反映した豊富なデータをもとに，精度の高い再生期待効果の算出が可能である。事業計画書の策定の基本的な流れは以下のとおりである。

◆ **事業計画書策定の流れ**
　① 窮境原因の明確化
　② 事業計画の骨子の確定

③ 再生施策ごとの目標期間と期待効果の算出
④ 実現可能性の検討・評価
⑤ 事業計画の実施スケジュール策定

（1）抜本改革のための窮境原因の明確化はできるか

　事業デューデリジェンス実施後，なぜ窮境の状態に陥ったのかの究明を行い，その原因を明確にしなくてはならない。具体的には，事業デューデリジェンスで得たデータをもとにして，多角的な分析を行い，窮境原因を特定する。窮境原因を明確化するための分析は，以下のとおりである。

◆ 窮境原因の明確化
　① 投資・資産分析
　② R&D・生産分析
　③ 販売・物流の効率分析
　④ ビジネスモデル分析
　⑤ IT・経費効率分析

① 投資・資産分析

　投資・資本が本来の事業以外に運用され，それが窮境の原因になっていないか，調査し確認する。本業と関係のない金融商品や土地などへの投資はないか，不透明なお金の流れがないか，また，稼働していない機械・設備・車両はないか，使用していない土地や広すぎる店舗・倉庫や駐車場に無駄に家賃を払い続けていないかなど，細かく確認する。

② R&D分析

　R&D（研究開発）および生産プロセスにおける生産性は適正なものになっているか，調査し確認する。具体的には，事業ごと，部署ごと，工程ごと，製品ごと，個人ごとなどに細分化して，費用対効果を算出してみる。

③ 販売・流通の効率分析

　販売・流通の効率は適正なものになっているかを調査し確認する。業界の慣習や従来からの仕組みや関係性を重視したまま，時代や現状の事業に合っていない状態になっている可能性がある。販売チャネルはもちろん，流通経路を詳細に調査し，1つひとつの取引契約や状態も確認して，無駄や非効率な部分がないか，検証する。

④ ビジネスモデル分析

　ビジネスモデルは，環境変化に適応したものになっているかを確認する。顧客を含めた利害関係者とどういう関係性を築き，どうやって利益を生み出し，どこにコストがかかっているのか，図解化してみることをお勧めする。特にターゲット顧客が明確になっているか，そのターゲットが満足する価値を提供できているのかを検証する。

⑤ IT・経費効率化分析

　ITおよび経費効率は，適正なものになっているかを確認する。まず，全体を整理し把握することから始める。無駄なものがないか，費用がかかりすぎているものはないか，利用すれば価値があるのに使っていないものはないかなど，費用対効果で1つずつ細かく確認する。かかっている費用や労力，工程が長いものから順に調べていくとよい。

(2) 抜本改革のための事業計画の骨子は明確になっているか

　次に，窮境原因にあげた問題点・課題に対する具体策を検討する。再生企業の問題点は多いため，真の窮境原因を追究しなくてはならない。また，真の窮境原因となる問題の解決が，抜本的な改革につながるのかを見きわめて，事業計画の方向性を骨子として具体的にまとめる必要がある。

　以下の点を検討し，事業計画の骨子を明確にする。

◆ 事業計画の骨子の明確化
　① 事業黒字化年，債務償還年数
　② 損益分岐点売上
　③ クロスSWOT分析・CFS（重要成功要因）
　④ 限界利益率
　⑤ To-Beモデル

① 事業黒字化年，債務償還年数
　企業再生計画において，事業の黒字化・債務超過解消・債務償還年数が範囲内に収まるか検討する。

② 損益分岐点売上
　固定費と変動費を分解して，損益分岐点売上高を算出し，収益性を確保できているか評価する。

③ クロスSWOT分析・CFS
　企業の内部環境として強みと弱み，外部環境として機会と脅威を引き出し，クロスSWOTにまとめ，CFS（重要成功要因）を抽出できるか検討する。

④ 限界利益率
　限界利益率は，企業または商品の利益能力を示す重要な指標である。限界利益（売上－変動費，または固定費＋利益）÷売上高，として計算される。

⑤ To-Beモデル
　あるべきビジネスモデル・あるべき業務フローを示して，具体的な改善点や解決策を示す。

(3) 抜本改革の期間・効果・スケジュールは明確か

　事業計画の方向性や骨子が明確になったら，具体的な期待効果を導き出す。再生企業が復活を果たすには収益の改善が不可欠である。どのようにして利益を創出するかだけではなく，どの手順でどのくらいの期間で具体的な効果を出すことができるのかを検討してまとめる。特に定量的な期待効果は，明確な根拠を示した具体的な数値計画から導き出すことが重要である。

　◆ 期待効果とスケジュール化
　　① 基本的な再生期待効果
　　② 機能別再生期待効果
　　③ 統廃合による期待効果
　　④ アクションプラン
　　⑤ 俯瞰図

① **基本的な再生期待効果**

　販売費・一般管理費の引下げ，売上原価の引下げ，営業外費用の削減，売上高の向上など，基本的な期待効果を算出する。

② **機能別再生期待効果**

　基本的な再生期待効果のほかに，業務革新などによる期待効果を算出する。

③ **統廃合による期待効果**

　事業や会社の統廃合によるコストシナジー効果および収益シナジー効果を算出する。

④ **アクションプラン**

　企業再生のスケジュールをガントチャートなどに落とし込んで，計画化する。

⑤ 俯瞰図
　企業再生の概要をマップ化し，ひと目で再生の概要がわかるように記述する。

（4）抜本改革の事業計画の実現可能性を検証しているか

　再生企業は通常，経営資源が不足しており体力も限られる場合が多い。そのため，事業計画の施策は，効果的で実行可能なものに絞り込む必要がある。企業再生計画の実現可能性について，可能性の根拠を確認し，事業計画策定担当としての意見を述べる。

　◆ **実現可能性の検証**
　　① 問題点・課題の排除
　　② 改善策の実現性
　　③ 再生効果
　　④ 統廃合効果
　　⑤ 時間軸の設定

① **問題点・課題の排除**
　事業デューデリジェンスにおいて，窮境原因・問題点・課題を抽出する。それらを解決するための方策がとられているか，確認する。

② **改善策の実現性**
　窮境原因に基づく問題点・課題を指摘した場合の改善案が具体的であり，企業の能力からみて，サポート体制を含めて実現可能性があるか判断する。

③ **再生効果**
　基本的な再生を，再生効果，機能別ソリューションの効果，統廃合効果に分けて算出する。

④ 統廃合効果

統廃合によるコストシナジー効果と収益シナジー効果について,実現可能かどうか評価する。

⑤ 時間軸の設定

企業再生スケジュール（アクションプラン）を担当者別に列挙し,実行可能かどうか評価する。

(5) 事業計画のスケジュール推移は明確か

再生計画において,実現可能性の高い施策が導出できたら,それらを適切なタイミングで実施スケジュールに落とし込む必要がある。具体的にスケジュール化したものが目標を達成できるよう,再生計画の年度別の利益予測を出してその推移を算出する。そして,計数計画ができたら,各金融機関への返済計画を作成し,再生計画取組み後のフォローアップについても検討する。

◆ 事業計画の推移の確認
① 改善計画書・損益計画書作成
② 財務3表を時間軸で作成
③ 返済計画作成
④ 実現性についての意見
⑤ モニタリング

① 改善計画書・損益計画書作成

事業の改善計画書と,それに伴う年度別損益計画書を作成する

② 財務3表を時間軸で作成

財務3表（貸借対照表B/S・損益計算書P/L・キャッシュフロー計算書C/F）について,時系列で作成する。

③ 返済計画作成
　債務償還年数内に各銀行へどれだけ返済するのかを計画に落とし込む。

④ 実現性についての意見
　中小企業診断士などの再生計画作成担当者が，再生計画に取り組み実現させていくための留意点などを付す。

⑤ モニタリング
　計画に沿って実行できているか，採算計画との数値乖離がないかをチェックする。乖離が大きい場合は，原因を究明し，対策を立てる。

⑤ 抜本改革のための事業計画書でステークホルダーの同意を得られるか

　再生計画が策定できたら，再生企業にとっては，そこからが真のスタートである。ただし，実際に再生計画の内容を実行し，目標を達成するには，関係者の協力なくしては困難である。
　確実かつ継続して再生計画を実行に移すためにも，最初に再生計画をステークホルダー（利害関係者）に十分に説明し，事前に同意を得ておくことが必要である。手順は以下のとおりである。

◆ 事業計画書の同意の流れ
　① 企業状況・SWOT分析の提示
　② 窮境原因と問題点・課題の提示
　③ 問題点・課題の解決案・期待効果の提示
　④ 債務超過解消年数・債務償還年数の提示
　⑤ 計画の実現可能性と意見の提示

(1) 企業の概要・SWOT分析は示されているか

事業再生計画を調査報告書にまとめる際，ここでも企業の概況・SWOT分析を記述する。

◆ 企業概況・SWOT分析の提示
 ① 会社概要
 ② 業績の経過および財産の経過
 ③ 財務の現況と窮境状況
 ④ 窮境の原因と除去可能性
 ⑤ 再生計画概要

① 会社概要

財務調査報告書および事業調査報告書に包括される内容であり，会社概要・事業概況・取引先等，要約してまとめる。

② 業績の経過および財産の経過

業績および財産の経過についての財務調査報告書から，主要勘定の推移と併せ，内容の要約を記載する。

③ 財務の現況と窮境状況

資産および負債の状況に基づき，過剰債務状況について財務調査報告書から要約して記載する。

④ 窮境の原因と除去可能性

業績の経過推移から具体的に経営が困難に陥った原因をまとめる。窮境原因が明らかになると，その除去について可能性があるかをSWOT分析などで検討する。

⑤ 再生計画概要
　事業調査報告書から骨子，数値推移の要約，再生スキームの具体策について，相当性，衡平性からの結論をまとめる。

(2) 窮境の原因と問題点・課題は示されているか
　再生事業計画を調査報告書にまとめる際，ここでも窮境の原因と問題点・課題を記述する。

◆ 窮境の原因と問題点・課題
　① 投資・資産運用の問題点・課題
　② R&D，生産の問題点・課題
　③ 販売・物流の問題点・課題
　④ ビジネスモデルの問題点・課題
　⑤ IT・経費の問題点・課題

① 投資・資産運用の問題点・課題
　資産が，本来の事業以外に投資または運用され，それが窮境の原因になっていないか確認する。

② R&D，生産の問題点・課題
　R&D（研究開発）および生産プロセスにおける生産性は，適正なものになっているか確認する。

③ 販売・物流の問題点・課題
　販売・物流の効率化は図られているか確認する。

④ ビジネスモデルの問題点・課題
　ビジネスモデルは環境変化に対応したものになっているか確認する。

⑤ IT・経費の問題点・課題

　ITおよび経費について効率は適正なものになっているか確認する。

(3) 問題点・課題のソリューション・期待効果は示されているか

　事業再生計画を調査報告書にまとめるが，問題点・課題に対する具体的で効果のある解決案と，それに伴う期待効果を明確に示すことで，ステークホルダーの同意を得やすくなる。期待効果は，定性的効果と定量的効果に分けて示す。また，定量的効果は，B/S効果，P/L効果と分けて示す。

◆ 問題点・課題の期待効果
　① 投資・資産運用の解決案・期待効果
　② R&D，生産の解決案・期待効果
　③ 販売・物流の解決案・期待効果
　④ ビジネスモデルの解決案・期待効果
　⑤ IT・経費の解決案・期待効果

① 投資・資産運用の解決案・期待効果

　投資・資産運用の革新によって，適正な解決案を提示すると同時に，その期待効果を算出する。

② R&D，生産の解決案・期待効果

　R&D（研究開発）および生産プロセスにおける効率化改善案およびその効果を算出する。

③ 販売・物流の解決案・期待効果

　販売・物流の効率化改善案およびその期待効果を算出する。

図表 2-28　企業再生期待効果の算定例

単位：千円

項目		企業再生の内容	実施期間	現状コスト	再生後コスト	B/S効果	P/L効果
事業リストラ		不採算事業の撤退 営業権譲渡	17.01～18.12	—	—	55,000	—
		工場・支店の閉鎖・売却	17.01～19.12	—	—	102,000	—
財務リストラ	1	土地（遊休資産）の売却	17.01～17.12	—	—	12,000	—
	2	保有株式の売却	17.01～17.06	—	—	1,500	—
	3	在庫処分	17.01～17.06	—	—	4,000	—
業務リストラ	1	役員報酬の減額	17.01～	26,800	24,000	—	2,800
	2	人件費の減額	17.01～	116,000	98,000	—	18,000
	3	その他の販売管理費	17.01～	8,600	6,800	—	1,800
	4	製造原価の削減	17.01～	16,500	13,800	—	2,700
	5	A事業部の業務リストラ効果	17.06～	56,000	40,000	—	16,000
	6	B事業部業務リストラによるロス削減効果	17.06～	7,800	5,600	—	2,200
合計						174,500	43,500

出所：（一社）中小企業診断協会『「中小企業再生支援協議会業務」対応・診断士マニュアル策定のための調査研究報告書』平成19年

④ ビジネスモデルの解決案・期待効果

ビジネスモデルの改善案を示すと同時に，その期待効果を算出する。

⑤ IT・経費の解決案・期待効果

ITおよび経費の問題に対する解決案を示すとともに，その期待効果を算出する。

（4）債務超過解消年数・債務償還年数は示されているか

事業再生計画を調査報告書にまとめるが，ここでも債務超過の解消年数，債務償還年数を記述する。

◆ 債務超過解消・債務償還の年数算出
　① 実質債務超過金額確認
　② 年次別キャッシュフローの把握
　③ 債務超過解消年数の算出
　④ 債務残高の確認
　⑤ 償還年数の算出

① 実質債務超過金額確認
　財務デューデリジェンスで確認された実質債務超過金額を確認する。

② 年次別キャッシュフローの把握
　財務デューデリジェンスおよび事業計画から年次別キャッシュフローを作成する。

③ 債務超過解消年数の算出
　年次別損益計算書（P/L）を割り出し，債務超過解消年数を算出する。

④ 債務残高の確認
　財務デューデリジェンスで確認された債務残高の確認をする。

⑤ 償還年数の算出
　年次別キャッシュフローから返済額を割り出し，債務超過解消年数を算出する。

（5）計画の実現可能性についての意見は述べられているか
　事業再生計画を調査報告書にまとめるが，ここでも計画の実現可能性についての意見を記述する。

◆ **実現可能性についての意見**
　① 問題点・課題の検討
　② 再生期待効果の検証
　③ 時間軸の検証
　④ EBITDA（＝税引き前利益＋特別利益＋支払利息＋減価償却費）からの検証
　⑤ 担当としての実現可能性の意見記述

① **問題点・課題の検討**
　事業および財務デューデリジェンスにあげた問題点・課題の解決案について，実現可能性が高いか評価する。

② **再生期待効果の検証**
　再生期待効果は，実現可能性のある内容になっているか検証する。

③ **時間軸の検証**
　再生計画のアクションプランは，年度別にあげられた改善項目の実現性が高いか評価する。

④ **EBITDAからの検証**
　EBITDAで算出して収益性を見て，債務償還の実現性を判断する。

⑤ **担当としての実現可能性の意見記述**
　再生計画は，総合的に判断して，実現可能性が高い内容かどうか意見を記述する。

⑥ 抜本再生の実践フォローアップはこのように進める

　バンクミーティングやサポート会議を経て，企業とすべての金融機関が事業再生計画案の合意に導くことが第1段階の目標であろう。そして，再生支援の真のスタートはここからである。

　再生企業は，再生計画で決めた目標を達成するために，アクションプランを着実に実行していくことが求められる。計画目標どおりの成果が上げられているのか，定期的なモニタリングによって確認するのである。

　いくら完璧な事業計画を作成しても，それを企業が行動に移さなければ「絵に描いた餅」である。事業計画作成時に十分考慮しているにもかかわらず，実際，期待どおりの成果を上げている例は少ないのではないだろうか。

　その理由としては，主な再生支援の内容が金融調整中心となっており，企業や経営者を中心とした，企業が変革するための実質的で効果的な支援が十分にできていないことがあげられる。事業計画を作成しさえすれば，企業や経営者がそのとおりに実行して自動的に成果が上がることが前提となっている。

　しかし，実際は，再生計画どおりに積極的に改善活動を実施し，目標を達成する再生企業は驚くほど少ない。再生企業は，計画経営に慣れていなかったり，改善活動を継続するPDCAの仕組みづくりが遅れていたりしたから，再生支援を受けざるをえない状況に陥ったともいえる。そのような企業には，そもそも改善計画を着実に実施できる土台がぜい弱な場合が多い。数ヵ月ごとのモニタリングの実施だけでは，抜本的な改善をうながすには不十分である。

　実質的な成果を出すためには，経営者や従業員が自主的に改善活動に取り組み，PDCAサイクルを回すことがきる状態を創り出せるような，踏み込んだフォローアップ支援が求められている。

（1）モニタリングとフォローアップの違い

　事業再生におけるモニタリングとは，「経営再生計画で決められたことが，

予定どおりに実行され，定期的・継続的に達成度合いを把握・評価し，成果を出すための支持・支援をすること」である。

しかし，実際にリスケに至った企業のおよそ6割は業績が改善しておらず，再延期となっている。モニタリングは必要な作業であるが，リスケに至った企業が経営改善するためには，再生計画作成とモニタリングだけでは不十分である場合が多い。

再生計画を実行できない企業には，以下のような特徴が見られる。

① 計画どおりに実行できない
再生企業の多くはそもそも計画を作ったことがなく，まして計画どおりに実行することに不慣れである。

② 経営者のやる気とリーダーシップが欠如している
経営者の覚悟とやる気が不足しているため，行動につながらない。基本的に企業にとっては厳しい内容の計画であり，明るい未来のない計画の目標達成にモチベーションが上がらない。

③ 従業員の士気が上がらない，協力的でない
従業員不在の再生計画作成で，経営者からの説得力のある説明もないため，モチベーションが下がり，非協力的である。

④ 環境変化に合わせた軌道修正ができない
近年，環境変化が激しい。受注量減少，取引先の倒産やM&Aなどの変化に対して，柔軟に再生計画を修正できない。

よって，定期的に総括的な実績を確認することを主とした，通常のモニタリングから，今後は実質的な成果を導く，「フォローアップ支援」への転換が必要である。フォローアップ支援により，経営者および従業員の意識が高まり，

企業自身が自立してPDCAを回す仕組みづくりを促進し，環境変化や達成度合いに合わせて再生計画を柔軟に軌道修正して，効果的に成果を出すことができる。

(2) 具体的改善策の支援

再生計画が作成され，金融機関や信用保証協会と合意ができてからが，本格的な事業再生の始まりである。通常，再生計画を実行して成果が出ているのか確認するモニタリングが定期的に実施される。

ただし，再生企業に対して，数ヵ月ごとに実績確認して改善コメントをするようなモニタリングでは不十分である。再生計画の実行，目標達成に向けて，自主的に活動ができる，いわゆるPDCAサイクルを確実に回していけるような支援が必要である。このようなフォローアップ支援により再生達成の可能性を高めることができ，また，再生可能性の早期判断や再生計画の見直し提案も可能となる。

① フォローアップ方針の策定

そもそも再生計画は，企業が積極的に関わって作成するものであり，作成後は自主的に実行に移し，モニタリングで報告することが求められる。計画や目標を達成するためには，再生企業がPDCAサイクルを回して，的確かつ着実に活動を積み重ねられるように，総括的な通常レベルでのモニタリングに加えて，企業の実情に沿った高いレベルでの「深掘りしたモニタリング」を行う必要がある。そのためには，再生計画作成時に，フォローアップに対する方針を立てることが重要である。

フォローアップ方針のなかには，総括表によるモニタリングに加えて，「事業リストラ」「財務リストラ」「業務リストラ」の3つの分野の進捗状況の確認がある。問題・課題があれば，改善策の提案などの支援を行い，計画目標の達成へ向けてフォローアップを実施する。

図表2-29　事業リストラの進捗状況確認表

事業リストラ項目	事業計画有無	実施予定時期	売却予定価格	実績	実施時期
営業譲渡					
不採算事業の撤退					
非コア事業の売却					
店舗・工場・事務所の閉鎖					
在庫品の処分・活用					
事業転換					
M&A（合併・株式譲渡）					
会社分割					
アライアンス					

出所：図表2-28に同じ

◆ **具体的改善策の支援**
・事業リストラの進捗確認
・財務リストラの進捗確認
・業務リストラの進捗確認
・上記を踏まえた改善策の提案

② **事業リストラの進捗確認**

　事業デューデリジェンスを実施したうえで，再生計画には，事業の選別とコア事業への経営資源（投資・人材など）の集中，そして，ノンコア事業の撤退・縮小が立案されている場合がある。その場合，モニタリングに加えて，事業再編や投資などの進捗状況を確認する（**図表2-29**）。

◆ **事業リストラの計画項目**
・営業譲渡
・計画にある不採算事業の撤退
・非コア事業の売却
・店舗・工場・事業所閉鎖
・在庫品の処分・活用
・事業転換

- M&A（合併・株式譲渡）
- 会社分割
- アライアンス・提携

③ **財務リストラの進捗確認**

　財務的なリストラの進捗状況を確認する。特に財務リストラに関しては，金融機関が詳細かつ厳格に実行と結果の情報を求めてくるため，的確で具体的な報告が必要である。

　再生計画で決めた改善策が適切に実施されたのかどうか，そして成果として，債務の圧縮，キャッシュフローの改善につながっているかを具体的に確認していく（**図表2-30**）。

◆ **財務リストラの計画項目**
- 流動資産の処分や流動化
- 不動産など固定資産の売却あるいは証券化
- 経営者資産の売却
- 流動資産の売却
- 保有株式の売却
- その他資産（ゴルフ会員権など）の売却
- 売掛債権のサイト短縮
- 在庫資産の圧縮
- 株主責任の増減資
- 債務のDES化，DDS化，債権放棄

④ **業務リストラの進捗確認**

　再生計画のなかでの業務の改革・改善につながる「業務リストラ」の進捗状況を確認し，問題があれば改善提案をする。具体的には，売上，売上原価，販売費・一般管理費のリストラの進捗状況を確認する（**図表2-31**）。

図表2-30　財務リストラの進捗状況確認表

財務リストラの計画項目	計画			実行				
	実施支持	簿価	予定価格	実施時期	実施金額	計画への影響	処分1(返済)	処分2(CF増)
1. 流動資産の処分や流動化								
(1) 不動産などの固定資産の売却(あるいは証券化)								
A土地								
B土地・建物(工場・店舗)								
(2) 経営者資産の売却								
C土地(担保物件→所有権の会社への委譲)								
2. 流動資産の売却								
(1) 保有株式の売却								
(2) その他資産(ゴルフ会員権など)の売却								
3. 株主責任の増減資								
(1) 株式の原子の実施								
(2) 株式の増資								
経営者からの増資								
第3者からの増資								
4. 債務のDES化、DDS化、債権放棄								
(1) 経営者からの借入金								
経営者からのの借入金のDES化								
経営者からの借入金の債権放棄								
(2) 金融機関からの借入金								
金融機関からの借入金のDES化								
金融機関からの借入金のDDS化								
金融機関からの借入金の債権放棄								
5. 営業権売却								
撤退事業の営業権の売却								
6. 売掛債権のサイト短縮								
7. 在庫資産の圧縮								

出所：図表2-28に同じ

⑤ 改善策の提案

　事業，財務，業務の3つのリストラの進捗状況を確認した後，再生計画と目標に照らしてみて，さらに改善しなければならないと判断できれば，追加の改善策を提示する場合もある。

(3) 総括表によるモニタリング

　通常，モニタリングを実施するときは，再生計画書に基づいて，もれなく的確に確認ができるよう，「モニタリング総括表」を作成して実施する（**図表2-32**）。

　モニタリング総括表には，①損益状況，②貸借対照表・キャッシュフロー状況，③主費用項目の改善実施状況，④損益状況と費用項目別削減状況などが記

図表2-31　業務リストラの進捗状況確認表

業務リストラの進捗状況	前々年度 月次平均	前年度 月次平均	本年度上期						上期計画	上期実績
			1月	2月	3月	4月	5月	6月		
売上高										
売上原価										
期首製品棚卸高										
製造原価ー原材料費										
製造原価ー労務費										
製造原価ー経費										
製造原価ー外注費										
期末製品棚卸高										
売上総利益										
販売・一般管理費										
人件費										
経費										
営業利益										
営業外収益										
営業外費用										
経常利益										
特別利益										
特別損失										
税引前当期利益										
法人税										
当期利益										

業務リストラの進捗状況	前々年度 月次平均	前年度 月次平均	本年度上期						上期計画	上期実績
			1月	2月	3月	4月	5月	6月		
販売費・一般管理費										
役員報酬										
従業員給与										
賞与										
退職金										
法定福利費										
福利厚生費										
人件費計										
運送費										
広告費										
旅費										
保険料										
地代家賃										
通信費										
消耗品費										
修繕費										
租税公課										
減価償却費										
諸会費										
雑費その他										
販売費・一般管理費計										

出所：図表2-28に同じ

図表2-32 モニタリング総括表

①損益状況

	平成29年度		平成30年度		平成31年度	
	計画	実績	計画	実績	計画	実績
売上高						
売上原価						
売上利益						
売上総利益率						
販売費及び一般管理費						
販管費率						
営業利益						
営業利益率						
営業外収益						
営業外費用						
経常利益						
経常利益率						
特別利益						
特別損失						
税引前当期利益						
税引前当期利益率						
当期利益						
当期利益率						

②貸借対照表・キャッシュフロー計算書で表された状況

③財務リストラ実施状況

④事業リストラ実施状況

出所:図表2-28に同じ

載される。

① 損益状況のモニタリング

損益計算書(PL)に基づいた全体分析で,売上高,売上原価,販売費・一般管理費,営業利益などの状況をモニタリングする。計画前との比較で計画の達成度合いを確認し,今後の見込みを把握する。

② B/S, C/Fのモニタリング

貸借対照表(B/S)に基づき,資産,負債,資本,キャッシュフロー(C/F)

図表2-33　主費用項目別の改善実績表

	平成27年実績	平成28年実績	平成29年実績	平成30年実績	平成31年実績	平成32年実績
販売費及び一般管理費の削減						
人件費						
販売経費						
販管費減額合計						
製造原価の削減						
原材料費						
労務費						
経費						
外注加工費						
製造原価削減合計						
削減額合計						
コスト増加要素						
人件費						
販管部門人員賞与						
製造部門人員賞与						
ベースアップ						
コスト増加合計						
差し引き削減額						

損益状況と費用項目別削減の実績の評価

今後の活動のポイント

出所：図表2-28に同じ

の変化や資金繰り実績をモニタリングして，今後の見通しを把握する（**図表2-33**）。

③ 主費用項目の改善実績確認

事業リストラや財務リストラによる主費用項目の改善実績を確認する。

④ 損益状況と費用項目別削減

同じく販売費・一般管理費の項目別削減の実績把握を行う。

⑤ 今後の活動のポイント

実績把握を行った後に，今後の活動のポイントを見きわめ記載する。

(4) 深掘りしたモニタリング

通常のモニタリングが，総括表を活用した計画書や，基本帳票をもとにした確認だとすると，「深掘りしたモニタリング」とは，再生企業の実情に沿った，より具体的なレベルでの改善策や実行を確認し，目標の達成度合いを測ることである（**図表2-34**）。

特に，業務リストラでの業務改革や改善の仕組みづくりと実績を，再生計画と比較してモニタリングすることで，正確かつ的確に達成度合いを確認することができる。そして，必要に応じて，対策案を提示したり，フォローしたりすることが可能となる。

① 売上傾向分析

実行段階に入って，売上内容の部門別推移を確認し，傾向と対策を分析する。

・販売先別売上高の計画と実績推移のモニタリングと分析

図表2-34　深掘りした業務リストラ実施状況のモニタリング例

削減対象費目	実績 本年度	3年での削減目標額	3年での削減目標率	実績 初年度	2年目	3年目
販売費及び一般管理費の削減						
人件費						
役員報酬						
その他人件費						
販売経費						
地代家賃						
広告宣伝費						
接待交際費						
諸会費						
通信費						
旅費交通費						
車両費						
消耗品費						
水道光熱費						
減価償却費						
その他						
販売費及び一般管理費削減額合計						
製造原価の削減額						
原材料・部品費						
ユニット費・製品費						
人件費						
直接人件費						
間接人件費						
外注加工費						
製造原価削減額合計						
削減額合計						

出所：図表2-28に同じ

・取扱製品別売上高の計画と実績推移のモニタリングと分析
・売掛金推移

② コスト分析

　コストダウンによる原価低減や販売費・一般管理費の削減を通じて，収益性を改善することが目的である。製造コスト，管理コスト，流通コストなどのコスト内容を分析する。
・製造費用の推移・原価率の推移
・販売管理費の推移，構成比率の推移
・役員報酬の推移
・従業員数と人件費の推移

③ 在庫分析

　製品在庫，商品在庫，仕掛在庫，原材料在庫の状況を分析する。
・棚卸資産の推移
・在庫削減，不良在庫，長期滞留在庫の削減の達成状況

④ 生産分析とコスト削減

　生産能力と競争力などの観点から，コスト分析の推移を確認する。
・生産設備の状況
・納期対応の状況
・設備その他の固定費削減の個別実現状況

⑤ 経営者の意識改革と実行状態

　経営者は企業再生に向かって意識や行動が変わったか，成果に結びつく取組みにリーダーシップを取れているのか確認する。

(5) メインバンク・協議会等との協議

取引金融機関等と実施するモニタリングは，通常，四半期ごとまたは半年ごとのサイクルで実施することが多い。モニタリングに際しては，関係者が一堂に会して，協議を行う。企業側は，再生計画に基づいて，計画の達成状況，取組みの進捗状況，債務返済状況，資金繰り状況などについて，報告を行う。関係者は，報告に対する質疑応答や，実績に対する問題点・課題の抽出などを行い，今後の対策を協議するのである。

① メインバンク・協議会等との会議

バンクミーティングまたは経営サポート会議などを開催して，メインバンク，サブバンク，協議会，保証協会など再生計画の関係者が一堂に会して協議を行う。

② 会社の計画と実績報告

企業側から，計画の達成状況と実績の報告を実施する。計画の達成状況は，再生計画に基づいた取組みの進捗状況や目標に対する達成度合い，資金繰り状況，債務返済状況，資産・負債状況などの報告を行う。

③ 実績に対する質疑応答

企業からの計画取組み状況や実績に対する報告について，関係者から企業への質疑応答を行う。

④ 問題点・課題の抽出

企業の取組みや実績に対する問題点・課題の抽出を行う。

⑤ 今後の対応策

協議の結果，今後どのように進めるのか，その対応策はいかに行うかをまとめて，次回のモニタリングまでの目標を明確にする。

(6) 再生計画の再策定

　モニタリングやフォローアップ支援を通じて，再生計画と比較して，企業の状態や実績があまりに乖離している場合には，実態を把握したうえで，対応策を考えて提示することが必要である。

① **計画乖離の実態把握**

　再生計画に対する取組み状況や実績を客観的に把握する。そして，計画と実態との乖離要因を分析・理解し，対策を講じる。

② **経営管理体制の確立**

　再生計画に対して，経営陣が組織的，効率的かつ効果的に取り組めるよう，企業のガバナンスを高めるための体制を確立する。

③ **目標数値の設定と達成**

　実態を精査して再確認したうえで，製品別顧客別など細かく具体的に積み上げた数値目標を再設定し，その進捗状況を確認する。

④ **コスト削減の達成状況**

　さらに低減可能な科目部分を洗い出し，削減目標と対応策を提示する。

⑤ **統合情報システムの確立**

　企業再生を行うには，情報システムの確立が効果的であることが多い。それらの進捗状況と有効稼働状況をチェックする。

第3章

事業性評価と再生支援具体策

① 再生可能性の見きわめと再生手法の選択

(1) 見きわめに重要な「初見の見立て」
① 初見の見立てはなぜ重要か

再生局面に至った債務者に対して適切な金融支援がなされるために，事業性評価および再生計画等策定支援が行われる。事業性評価それ自体の方法については次節で検討するが，ここでは事業性を評価する初見の段階（面談1～2回目）で留意すべき点について述べる。

再生に向けての適切な金融支援を選択するためには，初見の見立て段階で後の金融支援を想定して，再生の方向性に見当をつけることが，重要である。

すなわち，事業性評価における評価者の面談は，債務者が過去の自身の経営手法を反省し，将来の事業運営に気づきをもたらすものでなければならない。的を絞った質問により，債務者がもっともな指摘であるとの思いを抱き，評価者との間で信頼関係が醸成され，債務者に的確な反応や気づきが生じ，それらが後に債務者名義で作成される再生計画書等に反映されるからである。

初見の見立ては資金繰りの面でも重要である。債務者の予想よりも早く資金ショートする場合もあり，破綻寸前の資金繰りを見過してはならない。

以下，評価にあたり想定される債務者の状況を場合分けして検討する。

② 資金繰りが厳しい場合

資金繰り検証のポイントの1つは，毎月特定している債務者の支払日までの，取引先からの入金の確実性と，不足が生じた場合の凌ぎ方である。

また，労働債権や買掛金等商取引債権に対する支払遅延や係争の有無の確認はもちろん，社会保険料・法人税・消費税・預かり住民税等の租税債権に対する支払遅延の有無の確認が必要である。それらはほぼ資金繰り表に表されておらず，商取引債権については相手方の仮差押えや差押え，租税債権については税務当局の差押えの可能性を判断しなければならないからである。

税務当局の差押えの可能性を判断する際，延滞額・期間のほか債務者が税務当局に資金繰り状況を適切に説明しているか確認することも必要である。

　資金ショートが長期借入金の元本返済停止で回避できるのであれば，債務者が早めに元本返済の猶予を全取引金融機関に対し要請することも考えられる。さらに，資金繰りが綱渡りの状況にある場合，資金繰り破綻に備え並行して法的整理の検討・準備が必要となる。

③ **粉飾決算がある場合**

　中小企業の多くに不適切な会計処理が見られる。減価償却不足，売掛債権や在庫の架空計上，簿外債務等，行為態様・方法・程度はさまざまである。

　粉飾の態様が悪質で多額の場合には財務デューデリジェンスを行い，実態財務状況を金融機関に説明することが必要である。金融支援の方向性を踏まえて株主・経営者責任の明確化や内部管理体制の確立等が検討事項となる。

　役員の著しい不正や否認対象行為に対して法的措置の検討も必要となる。

④ **事業性が厳しい場合**

　業種・業態あるいは財務資料等から事業性の厳しさが想定される場合，事業戦略自体の見直しの成否が最重要課題となる。見直しには投資や時間が必要となることも多く，相応の余裕が資金繰り等にあることが前提である。

　事業戦略見直しの可能性はあるが，経営者に戦略遂行意思または能力がないと判断される場合，経営者の交代・事業承継の可能性が検討課題となる。

　見直しの可能性がないと予想されれば，清算型整理も検討する必要がある。

(2) 再生手法の概要と選択

　本書の趣旨からは，再生局面にある債務者に対する金融支援が中心的な検討課題となるが，再生局面における金融支援は債務整理手続の一環としてなされるため，債務整理手続を意識して再生手法の選択について検討する。

　債務整理手続は法的整理と私的整理に分類される。法的整理は再建型（民事

再生法・会社更生法による手続）と清算型（破産法による手続・会社法の特別清算手続）に区別される。私的整理も再建型と清算型に区別される。

① **再建型と清算型間での選択**

　経営者の交代可能性がないか，あるいは交代したとしても事業性が非常に厳しく債務者に再生意欲がない場合は，清算型を選択せざるをえない。特に，資金繰りが破綻寸前である場合は，早急な決断が必要となる。

　これに対して，事業性が非常に厳しく債務が増え続けているのに，資金繰りが当面凌げるため，債務者が事業継続に執着するような場合は問題である。

　今後の経営に一定の変動要因が大きく関わっている場合には，当該変動要因が見通せる期間に限り猶予期間を持つこともありうるが，そうでなければ，客観的な経営状況を理解したうえで，清算型が選択されるべきである。

　このような状況にない場合はとりあえず，再建型が選択される。

② **再建型における法的整理と私的整理間での選択**

　再建型であっても法的整理となれば，事実上の倒産として報じられ，ブランド低下，取引先減少等，事業価値が大きく毀損し事業運営が難しくなる。

　もっとも，再建型法的整理手続では，債権者の債権が権利変更されて大幅削減となる場合が多く，債務者にとっては抜本的な事業再構築が可能となるため，事業価値毀損と債務減少との天秤で法的整理が選択される場合もある。

　たとえば，技術力に優れる等により大口取引先を持つ製造業や建設業で大口取引先の取引続行が見込まれる場合，大口取引先等の存在が取引先の減少を最小限にすると同時に，スポンサー代わりとなって信用補完の役割を担い，事業価値毀損が軽減されるからである。また，業種・業態にかかわらず，スポンサー就任が見込まれる場合も同様の理由により選択されうる。

③ **再建型法的整理のなかでの選択**

　では，再建型法的整理のなかでもいずれが選択されるのか。

このうち民事再生法は，手続が比較的迅速で，原則として経営者が経営権を保持し，無担保一般債権のみが権利変更の対象となる。
　会社更生法は，手続が厳格で，原則として経営者は経営権を保持できず，担保付債権・優先債権（労働債権・租税債権等）も権利変更の対象となる。
　このような手続の違いから，担保付債権額が大きく担保権の消滅が支障となって事業継続が困難となる場合は別として，中小企業の場合は一般的に，経営権が原則として保持できる民事再生法が選択される。

④ **再建型私的整理のなかでの選択**
　再建型私的整理は，ある程度の強制力を有する再建型法的整理とは異なり，強制力がないなかで協議者全員の合意のみが求められること，債務者事業が清算されて消滅する清算型とも異なり，債務者が今後も存在することを前提とするため，金融機関の債務者に対する取引方針や担当者の力量のほか，今までの取引経緯，債権額，保全状況はもちろん，事業計画の推移や債権確保の見通しが各金融機関によって異なり意見が分かれやすい，といった特徴を持つ。
　したがって，この分類内での明確な選択基準は立てにくく，次項の「(3) 再生に向けた金融支援」で述べることを参考に，債権者間協議により選択されることになる。

⑤ **清算型における法的整理と私的整理間での選択**
　企業規模が大きくないか，あるいは親会社等が大口債権者で他にめぼしい債権者がいない等の理由により，債権者数がきわめて少ない場合には，合意形成が得られやすいため任意の私的整理も有効である。
　もっとも，親会社等がある場合には，ガバナンスの面から法的整理を望む親会社等の考え方により，会社法による特別清算が選択される可能性が高い。
　このような事情がない場合には，破産法による手続が選択されることになろう。

(3) 再生に向けた金融支援

再生局面にある債務者に対して金融機関が債務整理手段として行う支援手法を**図表3-1**に示した。

なお，プレDIPファイナンスそれ自体は債務整理ではないが，他の支援手法との併用でなされた場合には，債務者に対する金融支援となるため掲示した。これについては第6節で検討する。

① リスケジュール（リスケ）

リスケジュールとは，債務者と債権者が，債務返済計画を当初のものより遅らせる，すなわち，返済猶予となる貸出条件変更の合意をすることをいう。

a）リスケジュールに対する金融機関の対応の仕方

金融機関は，貸出債権等について自己査定を行い，債務者ごとにA正常先，B要注意先（その他要注意先　要管理先），C破綻懸念先，D実質破綻先，E破綻先といった債務者区分に分類し，さらに，債権回収能力を勘案して策定した債権分類に応じた貸倒引当金を積むことが求められている。

金融機関が貸出条件の変更に応じると，当該債権は原則として貸出条件緩和債権となる。貸出条件緩和債権とは，企業の再建支援を目的に返済猶予等の企業に有利となる取決めを行った債権で，貸出金利以外の収入を考慮してもなお信用リスクに対応した基準金利を確保していない債権をいう。

この場合，債権分類上は要管理債権となり，債務者区分はBの要管理先以下となる。債権分類が下位遷移すれば貸倒引当金を積み増す必要が生じ，債務者区分が要管理先以下になれば不良債権として金額開示する必要がある。

b）一定の経営計画がある場合

ただし，一定の経営計画等がある場合は，この限りでなく，また，債務者区分が要管理先以下に遷移した後に一定の経営計画等が策定されれば，貸出条件緩和債権から卒業して，債務者区分をその他要注意先以上に遷移できる。

図表3-1　再生に向けた金融支援手法の一覧

リスケジュール（reschedule）	実抜計画・合実計画によるリスケ 暫定リスケ・超長期リスケ
金利の減免	金利の減額または免除
債権放棄	直接放棄 第二会社方式 DPO (Discount Pay Off)
DDS (Debt Debt Swap)	早期経営改善型 準資本型（協議会版資本的借入金）
DES (Debt Equity Swap)	債権の株式への転換
プレDIPファイナンス	新規のつなぎ融資

　金融庁の主要行等向けの総合的な監督指針によれば，「実現可能性の高い抜本的な経営再建計画に沿った金融支援の実施により経営再建が開始されている場合には，当該経営再建計画に基づく貸出金は貸出条件緩和債権には該当しないものと判断して差し支えない」（いわゆる，実抜計画）とされている（監督指針Ⅲ-3-2-4-3(2)③ハ）。

　債務者が中小企業である場合は，「金融機関等の支援を前提として経営改善計画等が策定されている債務者については」経営改善計画等の計画期間が原則として概ね5年以内（概ね10年以内の場合でも経営改善計画等の策定後の進捗状況が概ね計画どおり推移すると認められる場合を含む）であること等を条件に，「経営改善計画等が合理的であり，その実現可能性が高いものと判断し，当該債務者は要注意先と判断して差し支えないものとする」（いわゆる，合実計画）とされる（金融検査マニュアル自己査定別表11(3)③）。

　なお，策定直後でも明らかに達成困難と認められなければ，合理的かつ実現可能性の高い経営改善計画とみなしてよい（金融庁検査局FAQ9-54）。

c）正常先の概念を加味して整理する

　以上から，中小企業にとっては実抜計画も合実計画もほぼ同水準のものと考えてよいことになる。正常先の概念として，黒字体質で純資産が確保されてい

る10年内に債務償還可能な先であると一般に理解されていることを加味すると，その計画内容は，経営黒字化3年以内，5年（または10年）以内に実質債務超過解消，債務超過解消時の債務償還年数10年といった水準（以下，合理的数値基準という）で策定されるべきと考えられている。

d) 合理的数値基準を充たさない場合

これに対して，合理的数値基準を充足する計画が他の支援策を考慮しても策定できない場合には，3年間の暫定リスケまたは合理的数値基準（最大20年）を超える超長期のリスケが考えられる。もっとも，金融検査マニュアル等に基づく限り，債務者区分等を維持または上位遷移できないと考えられてきた。しかし，新金融行政方針により，金融機関の自由度が増してきている。

一例をあげると，某金融機関は，合理的数値基準を超える超長期のリスケジュールであっても，予測数値が十分に厳しいものとなっている経営改善計画等をもとに直近の決算書によって業績改善を確認すれば，債務者区分をその他要注意先以上に遷移することもありうる，とするようになったようである。

② 金利の減免

信用リスクが高い債務者に対して金利を減免（実際は減額）することは，経済合理性に反するとして，金融機関は難色を示す場合が多い。

しかし，再生計画等において経常利益は出せても，金利負担が重く営業外損失となる債務者には減免の必要性が高い。次の③で述べる債権放棄を採った場合には必然的に金利が減免されることになるが，債権放棄まですることなく金利減免のみで有効な金融支援ができるのであれば，考慮されるべきである。

③ 債権放棄

債権放棄とは，債権者が債務者の債務の一部または全部を免除することをいう。特に金融支援の手法としては，清算価値保障原則が維持されて債務の一部免除を指す。事業再生は，売上高や売上総利益の増加，販管費の削減等の債務

者の自助努力によりなされるが，自助努力をしても合理的数値基準期間内に返済できないほど債務が過剰である場合に考慮されるべきものである。

a) 直接放棄

直接放棄は，債権者が債務者に対して直接債務免除することである。しかし，モラルハザードの問題があるため，金融機関としては採りづらい手法である。

b) 第二会社方式

第二会社方式とは，収益性のある事業部門を別法人に事業譲渡または会社分割して事業の継続を図り，不採算部門や債務のうち過剰部分が残された旧会社を特別清算（または破産手続）により清算する支援方法である。

特別清算（または破産手続）により，旧会社に残った債務が消滅するため税務上の損金処理が容易になるほか，想定外の簿外・偶発債務リスクを遮断できることから，金融機関やスポンサーの協力が得られやすく，モラルハザードの観点から金融機関も採りやすい支援手法である。

もっとも，新会社の許認可の取得，不動産の登録免許税等の問題は残る。しかし，産業競争力強化法に基づく中小企業承継事業再生計画（強化法121条）として国の認定を受ければ，事業認可に係る根拠法令の規定にかかわらず許認可等に基づく地位を承継でき（強化法123条），税負担軽減措置（租税特別措置法80条1項）の支援を受けることができる（強化法122条）。

c) DPO

DPO（ディスカウント・ペイオフ）とは，サービサーや企業再生ファンド等の第三者が金融機関から既存債権を元金より低い価格で買い取った後，債務者がその第三者に一定の和解金を支払い，残債権を放棄させる手法である。

④ DDS

　DDS（Debt Debt Swap）とは，債権者が既存の債権を別の条件の債権に交換することをいう。特に金融支援の手法としては，既存の貸出債権を他の一般債権よりも返済順位の低い劣後ローンに切り替えることを指す。再建可能性を高めるために合理的かつ実現性の高い再建計画と一体で行われる。

　劣後ローンは，債務者にとっては，一定期間元本返済が猶予されるため実質的に返済期限を後回しにでき資金繰りが改善される一方で，金融機関にとっては，将来的に元本回収が可能であり，一定要件下で実行すれば自己査定上の債務者区分等を判断する際に資本とみなすことができ，それに見合う貸出債権が減少し，貸倒引当金を積み増す必要もなくなる（金融検査マニュアル別冊〔中小企業融資編〕2.検証ポイント7）。

⑤ DES

　DES（Debt Equity Swap）とは，債務と株式を交換することにより，債務を株式化することをいう。もっとも，株式の流通性に問題がある中小企業に対しては採りづらい支援手法である。

(4) 金融支援における留意点

　金融支援を行う際，種々問題ある債務者の場合には，留意すべき点がある。

① 粉飾決算がある場合

　初見の見立ての段階で不適切な会計処理を認識して調査を進めていくと，想定以上に粉飾の行為態様が悪質で粉飾金額が多額となる場合もある。評価者は秘密保持義務を有していることが多いため，実態財務状況が明らかになってはじめて真の事業再生が可能となることを債務者が理解し納得したうえで，財務デューデリジェンスや金融機関に対する説明を行う必要がある。

　金融機関に対しては，粉飾決算の存在のみをもって当該債務者の再生意義が否定されることのないよう，事業内容，雇用確保，連鎖倒産防止の観点等の地

域経済への影響等を説明すべきことになる。債権放棄やDDS等を採る場合には特に，株主・経営者責任，さらに有責経営者が保証人である場合の保証人責任を明確にし，内部管理体制を構築させる具体策が必要となる。

　株主責任については，後継者や第三者への株式の無償譲渡や債務者企業による株式の無償取得および消却による減資が考えられる。

　経営者責任については，退任と後継者や外部人材の登用が考えられ，役員借入金がある場合の放棄もありうる。もっとも，中小企業では，経営者が事業と切り離せない存在になっていることもあるため，経営者責任を厳格に追及すべきではない場合もある。そのような場合や支援内容がリスケジュールに留まる場合には，経営者報酬の減額で済ませることもありうる。

　保証人責任については，破産を求めず，保証人の資産・負債状況を開示し表明保証したうえで，相当額の資産の提供によって責任を履行し，債務者企業への求償権を放棄した後，残債務を免除する方法が採られることも多い。

　内部管理体制については，社外からの役員登用や厳格なモニタリング体制を敷くことが考えられる。

② 事業性が厳しい場合

　事業性が厳しくても，事業戦略見直しの可能性と債務者に再生意欲がある場合には，事業コンサルタント等の外部専門家の力を借りる方法がある。

　これに対して，債務者に再生意欲はあっても，現経営者に新事業戦略の遂行能力がない場合には，経営者の交代，事業承継，スポンサーの参画が考えられるが，新事業戦略は未知であるため，後二者は現実的には難しい。

　経営者交代の場合，現経営者の指名といった同意がないと進展しにくい。また，新経営者が事業を軌道に乗せるために猶予期間を設定する必要がある。

（5）再建型私的整理から法的整理への移行

　再建型私的整理の選択を断念せざるをえない場合がある。

① 再建型私的整理の選択を断念する場合とは

　たとえば，私的整理の協議において合意が成立しない場合，再建型私的整理協議で合意が成立しない以上，清算型私的整理に移行しても合意が得られる可能性は少ないため，再建型あるいは清算型法的整理を選択せざるをえない。

　また，協議中に資金繰りが破綻した場合も，金融債権者以外の債権者を除外して合意を成立させようとして再建型私的整理を選択した趣旨に鑑みれば，再建型私的整理を断念して清算型私的整理を選択することは考えにくく，再建型または清算型法的整理を選択せざるをえない。

　商取引債権の支払にも窮する等，資金繰りが破綻に瀕している場合も，合意成立の意味がないか時間的余裕がないため，同様の結果となる。

　さらに，仮差押えや差押えがなされた場合，これらの手続の進行を停止させるために再建型あるいは清算型の法的整理を選択せざるをえない。

② その場合の再建型法的整理と清算型法的整理間での選択

　再建型私的整理の選択を断念して再建型あるいは清算型の法的整理を選択せざるをえない場合，少なくとも事業性が認められる点で，(2)①の再建型と清算型間の選択における場合とは状況が異なる。

　この場合，再建型法的整理により(2)②で述べた事業価値毀損に耐えて経営を続行できる状況になければ，清算型法的整理を選択せざるをえない。

　再建型法的整理を選択しても再生計画や更生計画が認可決定に至らなければ清算型法的整理である破産手続に移行する。

② 事業デューデリジェンスはこのように進める

　金融庁の新方針では，金融機関に対して，事業に将来性がある企業や信用力は高くないが，地域になくてはならない企業への担保・保証に頼らない融資促

進や，企業の経営改善および成長力の強化支援を求めている。金融機関が実際に新方針に取り組むにしても，まずは対象企業の事業の実態把握と将来性について正確に把握することが重要である。

　再生企業の正確な実態を把握し，苦境に陥った背景や原因を突き止め，将来の改善の可能性を模索して方向性や具体策をまとめる一連の業務である，「事業デューデリジェンス」の重要性が増しているといえる。

（1）事業デューデリジェンスの目的とプロセスを理解する
① 事業デューデリジェンスの目的と役割を明確にする

　通常のコンサルティング業務でも同様のことを行うが，違うのは，対象が再生企業だということである。再生企業とは，業績不振，連続赤字決算，債務超過，資金繰り悪化，約定どおりの借入金返済不能などに陥り，事業継続が困難などの状態に陥った企業のことである。

　再生企業にとって，立て直しの余力はあまり残されていない。よって事業デューデリジェンスでは，再生企業の実態を正確に把握し，適正な方向性を示さないと，再生企業にとって致命傷になりかねない。短期間で効果的な対策を講じる必要があるのだ。

　そうしたことを踏まえると，事業デューデリジェンスは，単に事業調査報告書や事業計画を作成すればよいのではない。事業を適正に見きわめ，再生企業の生き残りそして業績回復といった実質的な改善効果を目的とし，その達成に向けた道標を示すという役割を担っているといえる。

② 事業デューデリジェンスのプロセスをつかむ

　事業デューデリジェンスのプロセスを以下に示した。まずは，対象企業の経営者と経営危機状況を把握し，問題意識を共有する。そして，外部環境分析で事業機会と脅威を確認し，内部環境分析で当社の強みと弱みを抽出する。内外環境分析をSWOT分析で整理し，経営危機に至った窮境の原因を突き止める。それらを考慮して，事業性評価を実施し，再生可能性を判断するプロセスである。

◆ 事業デューデリジェンスのプロセス
① 経営理念・ビジョンの確認
② 外部環境分析
③ 内部環境分析
④ SWOT分析
⑤ 窮境の原因の明確化
⑥ 事業性評価
⑦ 再生可能性判断

(2) 事前準備で円滑に進めることができる

事業デューデリジェンスを始める前の事前準備として，①会社概要の把握，②外部環境情報の確認，③財務状況の分析，それらを踏まえた，④ヒアリングポイントの抽出——の4つがあげられる。

◆ 事前準備のポイント
① 会社概要の把握
② 外部環境情報の確認
③ 財務状況の分析
④ ヒアリングポイントの抽出

① 会社概要の把握

対象企業の基本情報を収集し，概要を把握することで，現地調査や特にヒアリングの質が格段に向上する効果が見込める。会社案内やホームページはもちろん，担当金融機関や支援機関，帝国データバンクなどの調査会社から必要な情報を入手することもできる。

② 外部環境情報の確認

外部環境の理解が進めば，ヒアリングでも的確な進行や踏み込んだ質問が可

能となり，効率的かつ内容のある結果につながりやすい。政府統計や白書などの公的なもののほか民間市場調査会社資料なども活用して，業界の特性や状況を確実に把握することが必要である。

③ 財務状況の分析

　企業から前もって財務諸表を最低でも3期分もらい，財務状況を分析しておくことは大切である。収益力や財務体質を把握することで，ヒアリングでの情報収集やデータ確認もポイントを押さえた効率的なものにすることができる。

　直近期は税務申告書を含めた決算書類一式を提出してもらい確認する。株主構成，役員の有無，従業員構成，繰越欠損金の状況，固定資産台帳による設備投資および減価償却実施状況は押さえておきたい。

④ ヒアリングポイントの抽出

　会社概要，外部環境，財務分析の情報を事前に収集分析したら，訪問前にヒアリングのためのポイントをまとめる。窮境の原因を見つけ出すことが目的であるので，深掘りするポイントをしっかりと押さえていくことが重要である。そのためには，事前情報から仮説をもって実施できるようにしておきたい。

(3) 現地調査の進め方

　書面での調査だけでは企業の実態を把握するのは困難であるため，現地での調査は欠かせない。対象企業に全面協力してもらうために，調査のスケジュールと内容について，事前に合意を取り付けておくことが必要である。必要書類やデータの準備，ヒアリング対象者の時間確保，工場や倉庫の調査の従業員への周知などを事前に依頼しておくと，円滑に調査が進みやすい。

① 現地調査の進め方

　現地調査は，ヒアリングと実地調査に分かれる。ヒアリングは経営者中心に，従業員や関係者からも話を聞き，定性的な情報を整理するのに役立つ。実

地調査は，正確で客観的なデータを取ることが重要である。中小企業ではあるべきデータがないこともあるが，仕方ないで済ませず，あらゆる手段を講じて，必要なデータを収集すべきである。

② 経営危機の背景と問題意識を共有する

経営理念・ビジョンや経営者の考えや沿革など，企業や経営者の特徴を理解するため，コミュニケーションを深めることは大事である。また，経営危機の背景を把握して，経営陣と再生への問題意識を共有して，取組み意欲を高めることもうながしたい。

（4）分析および事業性評価はこう進める

準備や現場で採取したデータや資料を多角的に分析し，経営危機に至った窮境の原因を突き止めることに取り組む。その場合，以下のような診断ツールを活用すると漏れや偏りがなく効果的である。その後，事業が再生可能かどうかを評価する段階に進む。

① 外部環境分析

外部環境分析は以下のとおり進めることで，マクロ環境だけでなく，対象企業の勝ち残る生存領域と成功要因まで抽出する。

◆ 外部環境分析の手法
① PEST分析
② ファイブフォース分析
③ ポジショニングマップ分析
④ 3C分析

① 対象企業に影響があるマクロ環境を洗い出してみる。「PEST分析」によって，漏れなくダブリなく要素を抽出することができる（図表3-2）。

図表 3-2　PEST分析

Politics	政治的要因	規制や法制度の変更、政権交代など
Economics	経済的要因	消費動向・物価・原油価格・為替など
Society	社会的要因	人口動態・構成の変化、少子高齢化など
Technology	技術的要因	IT、新技術、特許、インフラなど

図表 3-3　ファイブフォース分析

図表 3-4　ポジショニング分析（例）

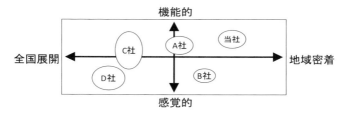

② 「ファイブフォース分析」で業界内での競争状況を分析する。同業者間での競争だけでなく，顧客および仕入先の交渉力や新規参入や代替品の脅威も競争に影響を与える要因として分析し，競争相手や競争基準を明確にする（**図表3-3**）。
③ 「ポジショニング分析」で対象企業の業界内で生存領域を検討する。2つの評価軸を変えることで，対象企業が業界内で競争優位となる立ち位置を見つけ出す（**図表3-4**）。
④ 対象企業のミクロ環境分析として，「3C分析」を行う。対象企業・顧客・

図表3-5　3C分析

競合の3つの視点から業界内で競合に勝つための「CSF（成功要因）」を抽出する（**図表3-5**）。

② 内部環境分析

対象企業についての内部環境分析を実施する。対象企業の強みと弱みを正確に把握するとともに，事業を精査し，問題点・課題を明確にする。

◆ 内部資源分析の手法
　① 事業構造分析
　② バリューチェーン分析
　③ PPM分析
　④ 内部資源分析
　⑤ As-Isモデル分析

① 「事業構造分析」で，すべての事業を図解化（ビジネスモデル化）し，事業の全体構造や取引の流れを把握する（**図表3-6**）。
② 「バリューチェーン分析」で，対象企業のすべての業務活動と相互の関係性を洗い出し，業務ごとのコストや強み，弱みを明確にする（**図表3-7**）。
③ 「PPM分析」で，市場の成長性と対象企業の事業ごとの競争力をマトリックス表で位置づけし，経営資源の最適配分を検討する（**図表3-8**）。
④ 事業の分析とともに，内部資源の状態の把握も需要である。特に，「経営

図表3-6　事業構造分析の概念図

図表3-7　バリューチェーン分析の概念図

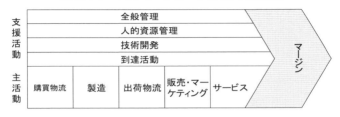

図表3-8　PPM分析の概念図

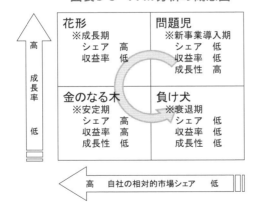

者」「人材」「組織体制」「企業文化」について，ヒアリングを中心に「内部資源分析」を行い，適正に評価することが重要である。
⑤ 内部環境分析の最後として，「As-Isモデル分析」を行う。これは現状の業務機能の洗い出しであり，事業ごとに業務フロー図を作成することで，

図表3-9 クロスSWOT分析表と生存領域分析表

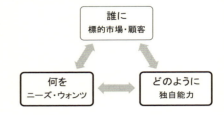

CSF 成功要因	強み	弱み
機会	強み×機会	弱み×機会
脅威	強み×脅威	弱み×脅威

問題点の見える化を図ることができる。

③ SWOT分析

内外環境分析の結果を整理し，「クロスSWOT分析」で，CSF（成功要因）を改めて導き出す（**図表3-9**）。そして，3次元ドメイン分析と3C分析から対象企業の生存領域（ドメイン）を改めて設定する。

◆ SWOT分析
 ① 外部環境分析
 ② 内部環境分析
 ③ クロスSWOT分析
 ④ 生存領域分析
 ⑤ 3次元ドメイン分析

生存領域を導出するために，「誰に」「何を」「どのように」の3つの軸を明確にし，他社と差別化できる競争優位となっているか分析する。

④ 窮境の原因の明確化

内部環境分析，外部環境分析，SWOT分析による結果を総合して，どうして経営危機に陥ったのか，5つの視点から分析を行い，「窮境の原因」を明確に導き出す。

◆窮境の原因分析
① 投資・資産分析：事業において，投資や資産が効率的に運用されているかを分析する。
② M&D・生産分析：研究開発や生産が効率的に行われているかを分析する。
③ 販売・物流の効率分析：販売・物流が効率的に運用されているかを分析する。
④ ビジネスモデル分析：競争優位を築き，儲けを生み出し続けられるかどうか分析する。
⑤ IT・経費効率分析：IT導入および経費が効率的に使われているかを分析する。

⑤ 事業性評価と再生可能性判断

　事業ごとに多面的に分析を行ってきた結果を踏まえて，事業の評価を行う。事業評価によって，コア事業（主軸事業）を明確化し，ノンコア事業（非主軸事業）に対し，撤退か根本的な強化策かを判断する。全体の事業体質の強化を図ることができるかどうかを考慮して，再生可能性を判断することとなる。
　なお，事業評価項目には，事業ごとの，市場性，競合優位性，事業の強み，事業の弱み，収益性，成長性，などがある。

③ 財務デューデリジェンスはこのように進める

(1) 事前準備

　企業に財務諸表の提出を依頼し，数値面での把握を行う。財務3表（貸借対照表，損益計算書，キャッシュフロー計算書，申告書の形でいただく）に基づいて調査する。その際に，会社の実態を把握するため，以下のポイントに留意

して進める。

◆ 会社の実態を把握するポイント
① 趨勢把握
② 実態把握
③ 簿外債務
④ 偶発債務

① 趨勢把握

　過去にさかのぼって数値の動きを把握する。通常，3～5年前の決算状況から趨勢を見る。窮境原因がわからない場合は，さらにさかのぼって調査する。特に，内訳書や申告書も見ることで，取引の変化や欠損の推移がわかる。

② 実態把握

　売掛金について，長期滞留の状況を把握し，貸倒れとするか否かを検討する。また，調査基準日以降調査日までの間に新たに判明した貸倒れについては，貸倒引当金を追加計上する。

　棚卸資産のうち過去より滞留しているものについては，在庫金額の一部を評価減として修正する。

　売掛金・棚卸資産は，粉飾についてもチェックするべきである。

　不動産の時価評価については，不動産鑑定士の鑑定評価書により入手した時価情報，または，鑑定評価書の入手が困難である場合には，公示価額，路線価，固定資産税評価額等から算定した時価と帳簿価額とを比較して含み損益を把握する。

　仮払金については，資産性に疑義があるものが含まれている可能性も否めない。仮払いを行った日，精算予定日，内容について調査し，実態を把握する必要がある。

③ 簿外債務

　未払いの社会保険料，各種税金等において，未払いが発生していたり，支払方法を調整していない場合，各種管轄において実際の未払金額を把握し，リスケ調整を行うようにうながす。優先債権なので，場合によっては金融機関の返済よりも先に払うケースが多々ある。

④ 偶発債務

　訴訟案件の有無，裁判で係争中の事件や未確定の係争案件，賠償請求等がある場合には，損失負担の発生する可能性がある。それら費用について把握し，資金繰り表に反映させる。

　デリバティブ取引等を行っている場合には，相場変動によって財務諸表に多額の影響を及ぼす可能性があるため，内容を確認するとともに，時価情報を入手して含み損益を把握する。本来は，事業に必要な部分以外は，取引しないことが望ましい。

（2）現地調査

　事前準備で，資料を整理したうえで，現地調査に入る。役員はもちろんのこと，主な管理者からもヒアリングし，考え方や処理方法を確認しつつ財務諸表の整合性をチェックする。

　その際に，（1）で述べた粉飾，簿外債務等を洗い出し，いつの時点から発生し，現在どれだけ含み損等があるのかを把握する。

　特に，資金繰り表について，経営幹部から必ず説明を仰ぐ。どのようなタイミングで作成して，いつの時点までの資金繰りをどれだけ精緻に把握しているのかをつかむことが重要である。手形取引がある会社については特に，経営幹部が把握しているかを見る。

　また，社員のモラルや総務部の処理方法についてもヒアリングし，財務諸表との整合性を見る。社内の雰囲気，ボードに書かれた受注状況，取引先の出入り，社員の応対なども併せてチェックする。それらは，総じて窮境原因の一部

図表3-10　作業プロセス

資料請求	・財務3表 ・定款 ・登記簿謄本　等	・企業先に提出依頼をする ・拠点別・部門別資料も併せて依頼
資料整理	・BS・PLの趨勢を見る ・資金ショートの危険性をみる ・内訳明細に基づく事業分析	粉飾等含めて、実態を表記する 計画に着手できるだけの資料を整理する 資金ショートしないのかを確認する
現地調査	・資料調査からの疑問点 ・社長・社員の行動観察 ・不動産実査	総務の経理方法を確認する 顧問税理士と打ち合わせする 簿外債務などがある場合、確認する
報告書作成	・文書整理 ・社長に説明 ・協議会・銀行に説明	事業デューデリジェンスと合わせて、今後の収益見込みを検討する 方針を決定する

を担っているところが大きい。数値分析だけでは不十分であり，現場の状況をつぶさに把握したうえで，数値と照らし合わせることがポイントである。

（3）分析および報告書作成

現地調査終了後，財務調査報告書を作成する。大枠をとらえ，そこから勘定科目で特記すべきところを整理する。

◆ **報告書の内容とポイント**
① 株主構成
② 貸借対照表推移
③ 実態バランス
④ 損益計算書推移
⑤ 勘定科目注記
⑥ 借入金一覧

⑦ 不動産一覧
⑧ 計画の落としどころを明確にする
⑨ 経済合理性を明記

① 株主構成
株主構成を整理する。

② 貸借対照表推移
過去3～5年にわたり，どのように推移してきたのかを表記する。

③ 実態バランス
貸借対照表において，現時点での実態について明記する。中小企業庁方式を加味して，社長の個人所有である自宅，個人のローン等を含み入れてB/Sを作成する。

④ 損益計算書推移
過去3～5年にわたり，どのように推移してきたのかを表記する。

⑤ 勘定科目注記
特に注記すべき科目について表記する。

⑥ 借入金一覧
借入金を金融機関ごとに一覧にする。保証協会付き，および担保を明記し，保全・非保全を整理しておく。

⑦ 不動産一覧
所有不動産を一覧にする。保全部分は明記する。

図表 3-11　報告書の組立

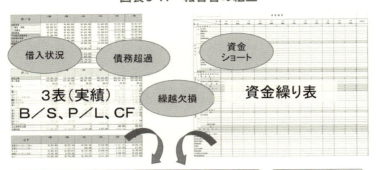

- ○「実抜計画」：実現可能性の高い抜本的な経営再建計画
  ・概ね5年以内に債務超過解消
  ・概ね10年以内に完済できる見込み
  ・有利子負債の対キャッシュフロー比率が概ね10倍以下

- ○「合実計画」：合理的かつ実現可能性の高い経営改善計画
  ・概ね10年以内に債務超過解消
  ・概ね15年以内に完済できる見込み
  ・売上等の予想数値は実現可能性が高い

○リスケジュール
○DES／DDS
○第2会社方式

経済合理性が見える組立にする

図表 3-12　財務デューデリジェンスの目次例

Ⅰ．調査の概要
　1　調査対象会社
　2　調査の目的
　3　調査の基準日
　4　調査の手続
　5　利害関係
　6　調査担当者及び調査日程

Ⅱ．会社の概況
　1　所在地
　2　設立
　3　事業目的
　4　経営上の重要な契約等
　5　資本金の状況
　6　大株主
　7　取締役及び監査役
　8　従業員数
　9　役員等取引の状況
　10　関係会社
　11　業績の推移

Ⅲ．業績及び財産等の経過分析
　1　財務諸表等の推移
　2　損益の経過
　3　売上原価
　4　販売費及び一般管理費
　5　事業部別損益の算定
　6　財産の経過
　7　キャッシュフローの経過
　8　直近の業績について

Ⅳ．財産の現況
　1　修正貸借対照表
　2　修正損益計算書
　3　会社が採用している会計処理基準
　4　資産及び負債の現況
　5　不動産及び設備の状況
　6　リース契約等
　7　関連当事者との取引
　8　金融機関別保全状況一覧

Ⅴ．窮境原因と再建可能性
　1　窮境の原因
　2　窮境原因の除去可能性

Ⅵ．清算価値の算定
　1　清算貸借対照表

⑧ 計画の落としどころを明確にする

財務調査をまとめるにあたり，大きく計画の落としどころを検討する。実抜計画なのか，合実計画なのか，また，調整の方向として，リスケなのか，抜本策なのかを検討する（図表3-11）。

◆ **実抜計画：実現可能性の高い抜本的な経営再建計画**
・概ね5年以内に債務超過解消
・概ね10年以内に完済できる見込み
・有利子負債の対キャッシュフロー比率が概ね10倍以下

◆ **合実計画：合理的かつ実現可能性の高い経営改善計画**
・概ね10年以内に債務超過解消
・概ね15年以内に完済できる見込み
・売上等の予想数値は実現可能性が高い

⑨ 経済合理性を明記

当然のことながら，生産するよりも事業継続したほうが，ステークホルダーにとっても将来にわたりメリットがあることが理解できる組立にする（**図表3-11，3-12**）。よって，報告書のなかに，清算価値評価も入れておく。

金融調整でどのような合意を求めるか

（1）中小企業再生支援協議会における取組み
① 中小企業再生支援協議会の支援業務と役割
a）支援業務の流れ

中小企業再生支援協議会（以下，協議会）における支援業務としては，ま

ず，中小企業者からの相談申し出を窓口相談（第一次対応）として対応する。次に，当該相談企業の状況を判断して，関係機関を紹介することで問題解決するとされる場合や再生可能性が低く協議会での対応が困難とされる場合等を除き，再生計画策定支援（第二次対応）を行う。

　第二次対応においては，外部専門家等の支援者（以下，支援者という）によりデューデリジェンスが実施され，相談企業，支援者，主要債権者であるメイン行等で協議・検討を行う。このような再生計画策定支援により債務者名義で再生計画案が策定されると，統括責任者により調査報告書が作成される。

　調査報告書作成後，協議会は債権者会議である，いわゆるバンクミーティングを開催して調査報告をしたうえで再生計画案を説明し同意を求め，取引金融機関すべてが同意する旨が文書により確認されると再生計画が成立する。

　再生計画が成立した時点で再生計画策定支援は完了となるが，完了後もフォローアップとして原則，3事業年度にわたりモニタリングを行う。

b）重要な協議会の役割

　中小企業庁金融課の「中小企業再生支援協議会の活動状況について」（平成28年7月）によると，平成27年度窓口相談社数は1,748件であり，そのうちの約6割において再生計画策定支援等を実施している。

　また，平成27年度の再生計画策定支援完了社数は1,319件であり，そのうち金融機関が相談持込者であるものは1,282社で，企業等が相談持込者であるものは37社にすぎず，ほとんどが金融機関からの持込みである。

　金融調整という私的整理が成立するうえで重要なカギとなるのが，債権者間調整である。

　仮に協議会を活用しないで金融機関，特にメイン行が金融調整を行おうとすると，非メイン行からメイン行に対する責任論が出て，メイン行に負担のしわ寄せ，いわゆるメイン寄せがなされるなど，メイン行が独自で債権者間調整を行うのは困難を伴うからである。

　これに対して，協議会が開催するバンクミーティングは，協議会が公的機関

として公正・中立な第三者的立場に立って行われ，手続の公平性・透明性が確保されることから，必ずしもメイン寄せがなされるとは限らず，実質的に債権者間調整機能が果たされる。この債権者間調整機能が協議会の最も重要な役割であると考えられる。

② メイン行等との協議
　a) 協議の現状と今後の変革
　　第二次対応において再生計画案を作成するにあたり，上記①a) の支援の流れで述べたとおり，相談企業，支援者，主要債権者であるメイン行等は協議することになるが，この協議での取り組み方について，以下，検討する。
　　協議会への相談持込みのほとんどが金融機関であることは上記①b) のとおりである。その多くが貸出債権額の最も多い主要債権者であるメイン行によるものと考えられるが，非メイン行も相談持込者として，あるいは債権額等を考慮して，他の債権者とも情報連絡を密にするため，協議対象者とすべき場合もある。このような債権者等を含めて，協議対象者をメイン行等と表記している。
　　メイン行等は，協議会に相談を持ち込む際には自行においても金融支援の方向性を想定している。想定したメイン行等の支援のあり方が計画案のものと同一の方向性にある場合には，協議が順調に進むことが予想される。メイン行等が債権放棄等のより重く抜本的な支援の方向で考えている場合でも，持ち込む以上，その覚悟を持って持ち込んでいるはずだからである。
　　そうでない場合には，メイン行等との協議段階で頓挫する可能性があり，それを避けるべくメイン行等の意向を反映した計画案とならざるをえないのが実情であった。
　　しかし，金融行政方針の大変革がなされつつある現状からは，多くの金融機関が取引先の発展を後押しする方向へと転換することが期待される。そうなると，メイン行等自身が取引先の事業の将来性を考えて支援のあり方を検討することになるであろうし，また，相談企業・支援者が適切な計画案であるとの確信を持ったのであれば，メイン行等と充分に協議・説明していくなかでメイン

行等が方向転換することもありうると考えられる。

b) 協議における検討内容

では，相談企業，支援者，メイン行等は何を協議するのか。実際には相談企業の状況によりさまざまな課題や論点があり，本章第1節などで述べてきたことが該当するが，以下，支援手法のあり方のうち若干の例をあげて検討する。

まず，リスケジュールで方向性が一致している場合，リスケジュールにおいては，年間の返済額が金融機関にとって最大の関心事である。

年間返済額は年間発生するフリーキャッシュフローすなわち営業キャッシュフローと投資キャッシュフローの合計額に影響されるが，製造業等において多額の設備投資を見込む必要がある場合，当該設備投資を認めるのかが論点となりうるため，それについて十分説明し理解を得る必要がある。

また，フリーキャッシュフローは計画期間各年によって変動するのが通常であるが，年間返済額も変動させるのか，加えて，フリーキャッシュフローに対する返済額の割合も論点となる。変動幅が大きい場合以外は，停止した返済の再開に据置期間を設けるなどして計画期間中一定とすることもありうる。

返済割合については，債務者の財務状況にもよるが，年間フリーキャッシュフローのうち80％程度とする例が多かったが，今後は十分な運転資金を確保すべく割合が低くなることも予想される。

次に，金利の減額について，従来，金融機関は難色を示すことが多かった。しかし，今後は金利負担が多い場合には，負担軽減効果を示して説明することで同意を得ることもありうると思われる。

さらに，債権放棄等のより重く抜本的な支援の場合には，清算価値保障原則の維持等の経済合理性があることや，計画数値の根拠を明確にすることになるが，最大の問題は債権放棄等の金額割合である。

メイン行等は，放棄等の金額を最小限にすべく，想定した実抜・合実計画から逆算した数字をもとに放棄等の金額を検討するのが通常であった。しかし，今後は，将来事業のなりゆき，経営陣の構成・年齢，金融債務以外の延滞債務

の額，支払利息の損益に与える影響など，債務者の実情をより考慮したうえで検討すべきものと期待される。

株主・経営者責任の明確化や，内部管理体制の確立などの説明も不可欠である。

もっとも，中小企業においては，経営者が事業と切り離せない存在になっていることもあるため，経営責任を厳格に追及すべきではない場合もありうるので，その場合には十分な理由説明が求められる。

③ バンクミーティングでの同意

バンクミーティングでは，メイン行のほか非メイン行を含めた取引金融機関すべての同意を得て再生計画を成立させるために，計画案の説明がなされる。

この協議においてもさまざまな課題や論点がありうるが，②で検討したことと共通する。ただ，非メイン行特有の論点があり，以下，若干の論点をあげて検討する。

担保設定のない非メイン行から，債権額を基準とした「債権残高プロラタ」ではなく，担保で保全されない信用残を基準にした「非保全残高プロラタ」でなされるべきとの要請がありうる。前者では，ある程度保全されているメイン行のほうが返済額が多くなるからである。

これに対しては，債権放棄等とは違い，債権全額の返済を前提に計画策定していることを論拠に説明することになろう。もっとも，これを主張する金融機関は最近はないように感じている。

また，メイン行に比してきわめて少額の債権者である非メイン行からは，返済額も非常に少額となって貸出金の事務管理コスト負担になる，との主張がありうる。この場合，他の金融機関の同意を前提に，少額債権者には早期弁済を行うことも，取引金融機関間の衡平性を害しないと考えられ，有効な処理方法となりうる。

（2）信用保証協会での取組み
① 再生の現場で信用保証協会の役割が強まっている

　1990年代前半に起こったバブル崩壊により，金融機関の不良債権は膨大に積みあがった。それを解消すべく，金融庁は金融検査マニュアルを作成し，金融機関に対して不良債権処理を厳しくうながした。そのときから，信用保証制度の利用が増加に転じた経緯がある。

　つまり，金融機関は，中小企業に対する短期融資を信用保証協会の保証付きの長期融資に切り替えるようになったのである。このことは中小企業にとって，短期負債から長期負債になっただけであって，あまりメリットはない。しかし，金融機関にとっては，信用保証協会は貸倒れのリスクを肩代わりしてくれるありがたい存在となっていったのである。

　近年はこの弊害が出てきており，金融庁からも指摘されているとおり，現場の金融マンの事業に対する目利き力や支援力の低下につながっているようだ。バンクミーティングや経営サポート会議でも，金融機関担当者から意見が少なく，信用保証協会担当者から積極的に質問や提案が出てくるケースが散見されるようになった。

　金融機関にとっては，いざとなったら，信用保証協会による代位弁済があるため，危機感が薄れているように見える。一方では，信用保証協会は，リスクを回避すべく，苦境に陥った中小企業を再生しようと支援する傾向が強まっていった。その背景には，政府や金融庁による方針や指導があったと見受けられる。

② 信用保証協会の保証が融資に影響している

　信用保証協会とは，「信用保証」を通じて，中小企業・小規模事業者の資金調達面での支援をする公的機関である。47都道府県と4市の合計51の信用保証協会が全国にある。信用保証協会は，利用のメリットを5つあげている。

◆ 信用保証協会を利用するメリット
① 融資枠の拡大
② 多様なニーズに合わせた保証制度
③ 長期借入に対応
④ 担保不要
⑤ 原則，連帯保証人不要（法人企業は代表者が保証必要）

　一般的には，中小企業が金融機関から新規融資を受ける際，信用保証協会が信用保証をつけることで，金融機関がリスクを恐れて融資ができなかったり，調達額や条件の不利だったりをカバーすることができ，円滑な資金調達が可能となる。信用保証協会は，信用保証料を対価として得ている。
　しかし，近年，一部の金融機関では，信用保証協会の保証を得られるかどうかで，融資するかどうかを判断しているようである。特に，赤字など業績の思わしくない中小企業・零細企業が，一時的な資金不足のための借入要請に対して支援してもらえなかった，との不満の声が多く聞かれるようになった。金融機関の融資判断においても，信用保証協会の影響が強まっていると推し量ることができる。

③ 信用保証協会による再生支援が強まっている
　2013年3月に金融円滑化法が終了して以降，国の中小企業に対する再生支援の政策が変化している。その過程で，信用保証協会への経営支援に対する予算も増えている。2015年度から「中小企業・小規模事業者経営支援強化促進補助金事業」が10億円規模で予算化され，平成28年度は継続となり12億円へ増額されている。そして，平成29年度もさらなる増額が見込まれている。
　この補助金は，経営が不安定になっている，リスケ中などの中小企業・小規模事業者の経営改善をうながすため，経営支援等の取組みに要する経費の一部を補助することで，事業者の経営の安定と地域経済の発展を促進することを目的としている。

また，あまり知られていないが，平成25年12月4日に成立した産業競争力強化法による保証制度である，経営改善サポート保証が施行された。この制度は，中小企業再生支援協議会などの支援により作成した経営改善・再生計画に基づき，必要な資金を，信用保証協会の保証付きで融資し，再生計画の実行段階を支援する制度である。リスケ中の中小企業でも，新規融資を受けられる可能性がある。

④　経営サポート会議活用の幅が拡大している

　経営サポート会議は，保証協会の保証を利用している中小企業者を対象に，早期経営改善等を図る目的で，信用保証協会が関係金融機関に呼びかけて，調整役を担ってくれる仕組みである。

　複数の金融機関から融資を受けている中小企業が，約定どおりの返済ができず，返済金額の緩和もしくは一時中止など，返済方法の変更を希望するときに利用することができる。経営サポート会議では，異なる対応の金融機関との意見交換や経営改善計画策定後の課題解決や資金繰り支援など，中小企業者，金融機関および信用保証協会が一堂に会した場で情報共有を図り，一体となって中小企業者の支援をすることができる。

　◆ **経営サポート会議の流れ**
　　① 中小企業者と依頼金融機関が連携
　　② 保証協会へ申込み
　　③ 事前協議し，開催の方向性を決定
　　④ すべての取引金融機関へ参加要請
　　⑤ 経営サポート会議開催
　　⑥ 結果集約
　　⑦ 取引金融機関により支援実行

　中小企業者にとっては複数の金融機関に同じ説明をする必要がなく，金融機

関にとっても他の支援機関と足並みをそろえた対応ができるといったメリットがある。経営サポート会議の運営にかかる費用は無料であり，比較的簡便かつ迅速に利用することが可能な制度であるため，活用が拡大している。

⑤ 信用保証協会による支援の留意点

信用保証協会は，運営や調整はしてくれるが，金融機関に対する強制力や指導ができる立場ではない。利用する中小企業は，事前にメイン銀行とのすり合わせを十分にしたうえで経営サポート会議を実施することが望ましい。

支援の対象となる条件は，①保証付き借入金があること，②返済計画を含む経営改善計画書を作成していること，③支援してくれる金融機関があること──となっており，プロパー融資だけの借入金や他県の保証協会付きの案件は対象外である。

現在は各信用保証協会が独自の工夫で経営支援強化に取り組んでいるところである。ある地方の信用保証協会では，経営支援強化事業として，経営改善が必要と認められるすべての条件変更事業者ならびに創業期のすべての事業を支援対象とし，専門家派遣を中心に支援している。目標としているのは，地域経済の活性化であり，対象企業がリスケ状態から脱却し早期に正常化することである。

今のところ，各信用保証協会がバラバラな取組みをしていることからも，決定的な打ち手を欠いており，有効な施策を模索しているように見える。経営支援強化促進補助金事業の3年目となる平成29年度は，これまでの成果を見きわめ，真に有効な支援手法を確立して普及させていく段階に入ると見られている。管轄の信用保証協会の情報を適宜，確認しておくことが必要である。

(3) 小規模企業の金融機関対策
① 身近な公的支援機関

小規模事業者にとって，経営の相談ができる一番身近な公的支援機関は，地元の商工会もしくは商工会議所である。商工会と商工会議所の違いは，詳しく

述べると両支援機関の根拠法から説明しなくてはならないが，簡単にいうと，町村部は商工会，市は商工会議所のエリアとなる場合が多い。それぞれが地元商工業者からなる会員組織である。ここでは主に，商工会への相談の流れについて記載するが，商工会議所においても基本は同じである。違いがあるとすれば，相談および支援回数や自己負担金額の有無などである。

② **事業者が商工会の支援を受けるまでの流れ（2つのケース）**
  a) **事業者から商工会に相談するケース**
    ① 商工会の会員が商工会の窓口もしくは担当の職員に借入の相談
    ② 相談を受けた職員が商工会の経営指導員に連絡
    ③ 経営指導員が事業所を訪問しヒアリングを行う
    ④ ヒアリングの結果で支援内容を判断
    ⑤ 各県にある商工会連合会へ専門家派遣要請
    ⑥ 派遣専門家の選択
    ⑦ 専門家の派遣
    ⑧ 専門家による相談および支援
    ⑨ 支援内容に基づいた経営指導員による事後支援

  b) **商工会の職員がニーズを発掘するケース**
    ① 商工会職員による記帳業務や各種共済の手続き業務
    ② 記帳および確定申告書作成時の借入金の不自然な増加
       小規模企業共済などの解約や借入
    ③ 上記業務のなかで違和感をおぼえる
    ④ 担当の経営指導員へ報告
    ⑤ 経営指導員が事業所を訪問しヒアリング
    ⑥ ヒアリングの結果で支援ニーズを判断
    ⑦ 各県にある商工会連合会へ専門家派遣要請
    ⑧ 得意分野による派遣専門家の選択

⑨ 事業所への専門家派遣
⑩ 専門家による相談および支援
⑪ 支援内容に基づいた経営指導員による事後支援

③ 小規模企業と金融機関との関係

　小規模企業の取引先金融機関は，主に信用金庫または信用組合である。これに政府系金融機関である日本政策金融公庫（以下，公庫）が加わったケースが多く，さらに地銀を加えた三行スタイルが典型的なケースである。公庫の場合は小規模事業者経営改善資金（通称，マル経）が多く，なかには公庫へ担保提供し普通貸付（通称：マル普）を利用しており，公庫以外はほとんどが保証協会の保証付き融資である。

　とりわけ商工会が深く関与しているのが，マル経融資であり，他の融資に比べて借りやすい制度である。マル経融資とは，小規模事業者経営改善資金のことで，商工会や商工会議所の経営指導を受けている小規模事業者が，経営改善に必要な資金を無担保・無保証人で利用できる制度であり，融資限度額は2,000万円，返済期間は運転資金7年以内（返済据置期間1年以内），設備資金10年以内（返済据置期間2年以内），利率は年1.16％（平成28年11月16日時点）であり，もちろん，保証料はかからないのが特徴である。

④ 経営改善計画書の書き方（全国商工会連合会版）

　業績不振に伴い資金繰りが行き詰まると，金融機関に対して運転資金名目の追加融資の借入を申し込むこととなるが，厳しいのが実情である。この際あてになるのが，公庫の折り返し融資（過去の借入金に対する返済額分を再度融資すること）であり，次に，保証協会枠と呼ばれる保証協会が設定する企業ごとの融資上限額に対する余剰分の融資である。それが不可能であれば，既存借入金に対する返済条件の変更を金融機関へ依頼することとなる。ひと昔前までは金融円滑化法なる法律があり，返済条件緩和に対応することが努力義務となっていたが，現在はその法律はなく制度として運用されているため，経営改善計

図表 3-13 経営改善計画書記入例(全国商工会連合会版)

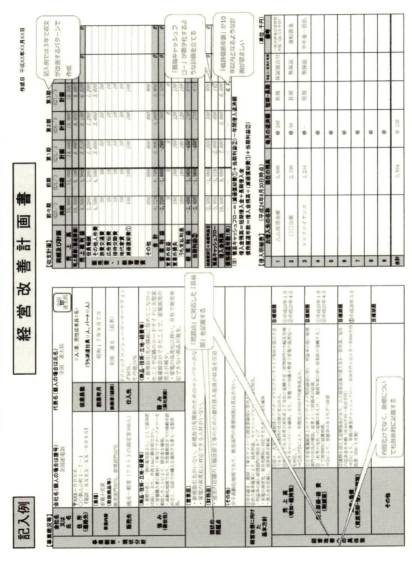

出所：全国商工会連合会

画書の作成および提出・承認が不可欠である。

　しかし，小規模企業にとって，経営改善計画書といわれても何をどうしたらよいかわからず，ネットなどで検索または金融機関の担当者や税理士に相談すると，かなりボリュームのある経営改善計画のひな形等を提示され，時間だけが過ぎていくケースが多い。そのときに一番の味方となるのが商工会であり，商工会の上部組織である県の商工会連合会を統括する，全国商工会連合会の作成した経営改善計画書である。経営改善計画書の一般的なひな形とされている公庫の経営改善計画書よりもかなり簡易なものであるが，前述の金融機関のラインナップでプロパー融資がなければ，この経営改善計画書の作成・提出で十分である。

　参考までに全国商工会連合会の経営改善計画書の記入例を掲載する（**図表3-13**）。詳細について知りたい場合は，最寄りの商工会に問い合わせれば，快く対応してくれる。

⑤ ローカルベンチマークを活かしたPDCAの進め方

　第1章4節では，経済産業省「ローカルベンチマークについて」に示されている，ローカルベンチマークの概要について記載した。ここでは，さらに詳しく紹介したい。

（1）ローカルベンチマークの6つの指標

　企業の成長性や持続性などを把握し，対話を行うためのきっかけとなる，6指標を抽出する。

① 売上増加率（＝（売上高／前年度売上高）－1）
　キャッシュフローの源泉。企業の成長ステージの判断に有用な指標。

② **営業利益率（＝営業利益/売上高）**

事業性を評価するための，収益性分析の最も基本的な指標。本業の収益性を測る重要指標。

③ **労働生産性（＝営業利益/従業員数）**

成長力，競争力などを評価する指標。キャッシュフローを生み出す収益性の背景となる要因として考えることもできる。地域企業の雇用貢献度や「多様な働き方」を考えれば，本来「従業員の単位労働時間当たり」の付加価値額などで計測すべき指標。

④ **EBITDA有利子負債倍率（＝（借入－金現預金）/（営業利益＋減価償却費））**

有利子負債がキャッシュフローの何倍かを示す指標であり，有利子負債の返済能力を図る指標の1つ。

⑤ **営業運転資本回転期間（＝（売上債権＋棚卸資産－買入債務）/月商）**

過去の値と比較することで，売上増減と比べた運転資本の増減を計測し，回収や支払などの取引条件の変化による必要運転資金の増減を把握するための指標。

⑥ **自己資本比率（＝純資産/総資産）**

総資産のうち，返済義務のない自己資本が占める比率を示す指標であり，安全性分析の最も基本的な指標の1つ。自己資本の増加はキャッシュフローの改善につながる。

(2) ローカルベンチマークの4つの視点

財務情報に加えて，非財務情報についても対話を通じた把握，経営者の気づきを期待している。

① 経営者についての着目
　地域企業においては，経営者が与える影響が大きく，経営者の優劣が企業の優劣を左右する面が強い。そのため，経営者との対話に際して，まずは「経営者」自身について知ることが重要である。また，事業の持続性を推し量る観点から，経営者が高齢の場合は，事業承継の方針を確認することも欠かせない。

② 事業への着目
　企業の事業が何で収益を上げているのか，それをどのような仕組みで実現しているのかという点，すなわち，ビジネスモデルを理解するとともに，事業の強みと課題がどこにあるのかを把握することが重要である。その第一歩として，「商流」を把握し，図示することで経営者との活発な対話が生まれ，事業内容を深掘りすることが期待できると考えられる。また，製品や商品１つ当たりの原価をきちんと把握できているかといったことも重要な項目である。

③ 企業をとりまく環境・関係者への着目
　企業をとりまく市場環境を把握するとともに，販売先や取引先企業からの評価という視点も欠かせない。また，企業経営において必要不可欠である従業員に関する項目については，各項目間の関連性に着目するとともに，業界・地域内の平均と比較することで，企業の実態が見えてくる。さらに，取引金融機関の数と推移を見ることで，企業に対する金融機関のスタンスや企業とメインバンクとの関係などを推し量ることができる。そのような観点から，金融機関との対話の頻度や内容（企業の経営課題・将来性など）も重要な視点といえる。

④ 内部管理体制への着目
　地域企業においては，依然として同族企業等による属人的な経営も多いことが想定されることから，どの程度内部管理体制が整っているかという視点も重要である。また，会社全体の方向性がそろっているかを見るため，経営目標が社内で共有されているかを確認する意味合いも大きい。

内部管理体制を把握する際，会議の質（議題内容，経営目標について議論されているか，経営者以外の重要人物の有無など）を見ることも有効である。そして，事業の推進に必要な人材が配置されているか，育成するシステムが構築されているかという点も地域企業にとっては課題であり，着目する必要がある。さらに，他の非財務項目のヒアリングにおいて違和感がある場合には，係争の有無やコンプライアンス上の問題がないかを調べることもありうる。

（以上，経済産業省経済産業政策局「ローカルベンチマークについて」より）

(3) 4つの視点と知的資産の分類

事業性評価とは，財務情報と非財務情報から企業の経営力や事業性を理解・評価することであり，ローカルベンチマークの6つの指標が財務情報，4つの視点が非財務情報を指すと考えられる。特に4つの視点は，対話という観点でなくてはならないものであり，知的資産経営においても非財務情報を分類することがとても重要視されている。

また，その分け方は第1章6節でも触れたが，企業の強みの源泉を，①人的資産（human capital），②構造資産もしくは組織資産（structural capital），③関係資産（relational capital）に分類することであるが，これらは個別で価値を生み出すものではなく，他の知的資産と結びつき，活用・管理することによって価値を生み出すものであり，これこそがビジネスモデルである（**図表3-14**）。

この考え方に企業のビジョンを達成するための戦略シナリオを明確にするバランススコアカードにおける4つの視点，つまり，①財務の視点，②顧客の視点，③業務プロセスの視点，④学習と成長の視点——を融合させたものが，ローカルベンチマークの4つの視点であるため，対話を促進することが期待できる。

(4) KGIとKPI

ローカルベンチマークを活用することで，自社の現状を把握し金融機関との

図表3-14 知的資産の分類

【経営資産の分類と知的資産の位置づけ】

出所:内田恭彦,ヨーラン・ルース『日本企業の知的資本マネジメント』中央経済社,を一部修正

【知的財産権、知的財産、知的資産、無形資産の分類イメージ図】

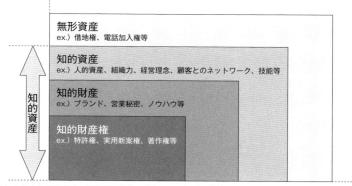

(注)上記の無形資産は、貸借対照表上に計上される無形固定資産と同義ではなく、企業が保有する形のない経営資源すべてととらえている。

出所:中小企業基盤整備機構「知的資産経営マニュアル」

【知的資産の分類】

人的資産	従業員が退職時に持ち出す資産 例)イノベーション能力、ノウハウ、経験、柔軟性、学習力、想像力、モチベーション等	
組織資産	従業員が退職時に企業内に残留する資産 例)組織の柔軟性、文化、システム、手続き、マニュアル、データベース等	
関係資産	企業の対外的関係に付随したすべての資産 例)供給会社との関係、顧客ロイヤリティ、顧客満足度、イメージ、金融機関との交渉力等	

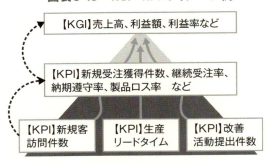

図表3-15　KGI・KPIのイメージ例

出所：中小企業基盤整備機構

　対話の入口とすることを理解しても，4つの視点から自社の将来性をどのようにして金融機関の担当者に説明したらよいか，不安に思う経営者も多いであろう。そこで，金融機関との共通言語となるのがKPIなのである。

　KPIという言葉は書籍でも紹介され，最近，特に注目されている。しかしながら，なかなか理解しづらいのが正直なところである。KPIとは，経過目標のことであり，KGI（最終到達目標：何を目標とするか，どれだけ目標を達成したか）を達成するために必要な取組み（プロセス）の達成度合いを定量的に定めた指標である。

　知的資産経営報告書を作成するうえで重要になるのがKPI。KPIはKGI達成のための経過指標と位置づけられ，KGIは企業の経営戦略から導かれる成果を数値で示すものである。ここでは，ローカルベンチマークにおける6つの指標をKGIと考え，KPIは現場の目安となる具体的な指標とする（**図表3-15**）。支援者は企業に対して，「どのようなKPIを設定して現場を動かすか」を提示しなければならない。

(5) KPIの具体例

① JALが目指す定時性世界一

　平成22年に会社更生法の適用を申請したJAL（日本航空）は，2年8ヵ月と

いう異例のスピードで再建を成し遂げた。スピード再建の理由として，稲盛和夫氏のもとでありとあらゆる事業再生の手法を活用した点が指摘されるが，それだけではないであろう。誰が「本当のお客様」（粗利益を稼がせてくれる）で，そのお客様がJALに一番求めていることが何かがわかったからではないだろうか。つまり，ここでいう一番のお客様とは，限りなく正規運賃で搭乗してくれるビジネスパーソンのことであり，彼・彼女たちがJALに求めているサービスは何か？ 何を求めているか？ である。それはズバリ，「定時到着率＝ちゃんと時間どおりに着く」ことなのである。

　その求めに応じるためにJALは定時性世界一を目指しており，機内誌にもそのことを掲載している。つまり，運航乗務員および客室乗務員（いわゆるキャビンアテンダント）からグランドスタッフ・物流スタッフ・滑走路の交通整理や掃除を担当するスタッフまでの現場のあらゆる人々が，定時性世界一に向かって一丸となり燃えたのであろう。そして，全社的なKPIを実現するために部署ごとのKPIを設定し，さらに，課ごとにチームごとにKPIを設定していくことでJALの現場が動いたと考えられる。

　では，なぜ，世界一なのか？ それは，世界で一番時間に厳しいといわれ，そう自負する日本人のフラッグシップキャリアだからであり，これが最大の強みだからである。

② 高い就航率にこだわるPeach Aviation

　次に，同じ航空業界のPeach Aviation（ピーチ）はどうであろうか？

　同社はLCC（格安航空業界）では一番よい収益を上げていることで有名である。確かに，世界的なパイロット不足の影響は受けたが，しっかり儲けている会社である。ピーチの本当のお客様は誰であるか？ 何を求めているのか？

　JALと同じ定時到着率なのか？

　そのヒントとなるものが時折，テレビのニュース映像などで流れていることがある。空港で夜を明かす乗客である。それぞれの人に事情があって，そうしている。

たとえば，そのなかには，単身赴任で家族と遠く離れて暮らしている会社員もいる。会社からの支給では月に一度しか家族のもとへ帰れないが，LCCをうまく使えば，月に2〜3回は帰ることができる。そして，できるだけ長い時間を一緒に過ごしたい。だから，始発電車の到着よりも早く出発する飛行機に乗るために，空港で夜を明かすのだ。
　このような涙ぐましい努力を経て朝を迎え，さあ，チェックインしようとしたところで，その便が欠航となったらどうだろうか？　LCCの場合，後便への振り替えは予約でいっぱいのため，基本的に不可能である。正規航空料金を払って他社の飛行機に乗るか，家族に会うのをあきらめるしかない。旅行客であれば，旅行を中止にしないといけないかもしれない‥‥‥。
　そのため，ピーチなどのLCCを使う乗客が一番求める指標は，「就航率」であり，「きちんと飛ぶこと」である。だからこそ，ピーチはベース空港に関西国際空港を選んだ。同空港は，国内でも少ない二十四時間離発着ができ，かつ，駐機料が安い。

③ 顧客満足度7年連続第1位のスターフライヤー

　最後に，スターフライヤーのKPIは何であろう？　規模的にはJALやピーチよりもさらに規模の小さい航空会社であるが，すばらしいKPIのもと，立派に経営を行っている。この会社のKPIは「顧客満足度」で，7年連続国内第1位を獲得している。スターフライヤーの飛行機に乗るために，最寄りの福岡空港ではなく，わざわざ北九州空港まで行く乗客もいるという。
　このように，KPIとは，企業ごとに違うものであり，現場が動く指標のことなのである。参考までに，中小企業基盤整備機構が発表している知的資産の分類ごとのKPIの指標例を**図表3-16**に示す。

(6) PDCAの進め方

　ローカルベンチマークの6つの指標を会社のKGIとした場合，その達成に向けてKPIとアクションプランの作成が必要となる。次に，KGIの実現に向け

図表3-16　KPI・KGIの設定事例

産業	分類	指標例	
製造業	KPI（人的資産）	・生産部門社員の経験年数 ・研修受講数（売上高研修費用比率）	・社内外技能試験合格者数 ・従業員定着率
	KPI（構造資産）	・新製品開発数（開発PJ数） ・生産改善提案件数と採用数（率） ・製品ロス率	・生産リードタイム（短縮日数） ・新製品売上寄与率 ・知的財産権保有数（出願・登録件数）
	KPI（関係資産）	・継続受注数（継続受注率） ・共同開発先数（着手件数）	・協力会社数（協力会発注率） ・協力会社への改善指導回数
	KGI	・売上高 ・得意先数	・利益率（利益額） ・従業員1人当たりの付加価値額
非製造業	KPI（人的資産）	・有資格者数 ・研修効果に対するアンケート結果	・従業員満足度指標 ・女性社員（管理職）登用数（比率）
	KPI（構造資産）	・取扱商品数（取扱ブランド数） ・品質改善提案件数と採用数（率） ・HPのアクセス数（HPからの受注数、受注額）	・商品在庫回転日数 ・クレーム防止会議の開催数
	KPI（関係資産）	・購入（利用）リピート率 ・ポイントカード会員数	・クレーム数（クレーム解決時間） ・顧客満足度指標
	KGI	・売上高 ・得意先数	・利益率（利益額） ・従業員1人当たりの売上高

出所：中小企業基盤整備機構

た上位者のKPIがその部下のKGIとなり，部下のKPIがさらにその下の部下のKGIになるという連鎖が生まれる。これに伴い，KPIの実現のためのアクションプランの作成を行い，計画の進捗に合わせてKPIの修正の可否を判断する。これがローカルベンチマークを活かしたPDCAの進め方なのであり，計画（KPIの策定・修正）→実行→評価→改善といったサイクルで，企業の成長および持続的発展を目論むものである。

(7) 事業性評価のあるべき姿

　経営力強化法のなかで出てきた付加価値＝減価償却費＋人件費＋経常利益の増加が優良企業のポイントであるとされ，これは言い換えると，設備投資を積極的に行い，雇用を促進し，税金を払うことができる見込みのある企業を優遇するというものである。つまり，強いビジネスモデルを持っているか，もしくは将来的に作ることができるかをアピールしていくことが重要となる。

ある地銀の幹部から,「銀行としては何をどう評価したらよいのかが,わからないのが正直なところであり,もっと事業者からアピールしてきてほしい」と,いわれたことがある。とても印象的な言葉だった。なぜなら,これまでは門前払いであった企業にも,聞く耳を持つようになったからこその発言だからである。彼のような金融機関の幹部は今後も増えていくかもしれない。金融庁が発表した「金融仲介機能のベンチマーク」は,今後,個々の金融機関がいかに聞く耳を持ったかを査定することを明示している。

　今後は,事業者と金融機関が共通の会話の入口であるローカルベンチマークを通じて対話し,さらには,ローカルベンチマークの6つの指標の将来の到達目標（KGI）を新たに策定し,ともにその達成に向けた取組みをしていくことが望まれる。その際は,4つの視点を活用することでKPIを明確化し,PDCAサイクルを回していくのがよい。

　資産評価から事業性評価に方針転換した今を最大のチャンスととらえ,自社の強みを見える化し,ビジネスモデルの将来性を積極的に発信することを期待する。

⑥ DIPファイナンスの活用の仕方

(1) DIPファイナンスとは
① 整理手続別に分類すると
　DIPとは,debtor in possession（占有を継続する債務者）の略である。DIPファイナンスを整理手続の違いに着目して定義すると,DIPファイナンスとは,再建型の法的整理手続に至った債務者経営陣に引き続き経営を任せつつ,新規融資を行う金融手法をいう（狭義）。

　これに対して,再建型の私的整理手続に入った債務者に対して新規のつなぎ資金を融資する金融手法をプレDIPファイナンスという。もっとも,プレDIP

ファイナンスを含めDIPファイナンスと総称する場合もある（広義）。

狭義のDIPファイナンスは，ステージ別や実施主体別にも分類される。

② ステージ別に分類すると

民事再生・会社更生手続の各プロセスにおいて，申立から再生計画・更生計画認可決定までに行われるものをアーリーDIPファイナンス，再生計画・更生計画認可決定後に行われるものをレイターDIPファイナンスという。

アーリーステージにおいては，仕入先等から企業間信用を受けられず，現金払いを要求されることが多く，そのために発生する資金需要に対応する運転資金融資である。DIPファイナンスのなかで最も資金需要が多い。

レイターステージにおいては，①退職金支払需要に対応する融資，②別除権の買取りや設備投資需要に対応する中長期融資，③法的整理手続を早期に終結させるための返済資金需要に対応する融資（特に，Exit Financeという）といった資金使途ごとに対応する融資カテゴリーがある。

③ 実施主体別に分類すると

さらに，実施主体別に区分すると，①既存取引金融機関実施型，②新規取引金融機関実施型があり，①と②それぞれについて金融機関が単独または共同で行うが，①と②の金融機関が共同で行う場合もあり，その場合は，③折衷型となる。

既存の取引金融機関とすれば，DIPファイナンスが回収できなければ，既存債権に加えて新規融資もともに不良債権となり，株主から法的責任を追及されかねないと考えて，既存取引金融機関は総じてDIPファイナンスには消極的である。そのため，①の既存取引金融機関実施型は少ない。なかには，DIPファイナンスの取扱要領すら整備していない金融機関もある。

政策的に政府系金融機関がDIPファイナンスを積極的に行うようになり，その後，民営化し株式会社となった日本政策投資銀行や商工組合中央金庫，政府系機関が統合して発足した日本政策金融公庫は，新規融資も含めて引き続き積

極的に行っている。このような新旧の政府系金融機関が新規の取引金融機関となる場合，当該金融機関からすれば，メインバンク等既存取引金融機関が持つ債務者企業の情報は審査促進の観点から魅力的であるため，メインバンク等既存取引金融機関との協調融資を望むようになってきている。

　一方，既存の取引金融機関，特に民間金融機関は，債務者企業に対しては新規であってもDIPファイナンスのノウハウを持つ金融機関，特に新旧政府系金融機関との協調を望む。ノウハウを持った新旧政府系金融機関との協調融資であれば，ノウハウの取得と同時に株主への説明にも筋が通ると考えるのであろう。このような事情で③の折衷型が多くなってきていると考えられる。

　なお，①～③の型を問わず，協調融資の場合には原則として，各金融機関の取引条件は同一となり，コベナンツ条項も同一となる。もっとも，政府系金融機関は政策的に金利水準が決められ，また，政府保証付きの場合には政府保証は政府系金融機関にはなじまないという事情があるため，それぞれの事情によって契約条件は異なる。

④　DIPファイナンスにおけるコベナンツ

　コベナンツ（Covenants）とは，金融機関が融資契約を締結する際に契約内容に記載し遵守を求める一定の特約条項をいう。シンジケートローン（協調融資）に使われたことに始まり，DIPファイナンスにも利用されている。

　DIPファイナンスにおけるコベナンツには，情報開示や役員退任等の作為義務条項，事業（計画）内容の不変更や組織の不変更等の不作為義務条項，重要資産の売却・第三者からの借入・第三者への担保供与の制限・禁止等の財務制限条項が入る。

　債務者は，契約特約条項に違反すると追加担保を要求されたり，期限の利益を喪失し即時全額の返済を要することになる。また，債務者が些細な事項と考えることでも，報告義務等を失念すると，融資実行が複数回にわたって予定されている場合に予定融資が見送られるという危険もあり，要注意である。

　コベナンツは，債務者のガバナンスに資することになるが，同時にがんじが

らめの制限が課せられることにより，経営の自由度や機動性が失われるといった弊害も指摘されている。

（2）DIPファイナンス（狭義）のリスクと金利水準

　DIPファイナンスの特徴として，高金利であることがあげられる。回収リスクとしては，たとえば，民事再生法上は共益債権となって別除権とされる担保権には優先せず，牽連破産に移行すると租税債権に劣後することが指摘される。このような回収リスクを考え，裁判所の許可を受けて担保権を設定すれば，否認リスクを避けられ担保権を自由に行使できる。

　しかも，通常の融資とは異なり，コベナンツ条項を伴うため，モニタリングの精度が高い。さらに，担保権については，再生局面の債務者企業の不動産等にはすでに担保が付いているため動産や売掛債権を担保とし，清算価値や価値変動を考慮して十分な掛け目を設定する。

　このように，回収リスク対策を講じて融資を実行しているため，回収リスクは小さいといえる。

　もっとも，皆無ではないリスクに対してはリスク・プレミアムを設定する必要があり，経費率も通常融資よりも高い。動産・債権の担保価値を把握し確認するなど，審査やモニタリングをするために費用・労力がかかるほか，債務者企業に個別のコベナンツ条項を設定するからである。融資金額が大きく期間が長ければ経費率の負担は融資ロットで吸収されるが，小さければ吸収されず，より高い金利設定がなされる。

　また，上述のとおり，DIPファイナンス市場に参入する金融機関が少なく，供給不足による要因も考えられる。金利水準は数ヵ月・数億円単位の貸出であっても，10％となることもめずらしくない。

　したがって，担保やコベナンツの設定を含めたリスク管理体制の構築のいかんや融資ロットにもよるが，概して高収益となる。

（3）プレDIPファイナンスの活用強化

　プレDIPファイナンスは，狭義のDIPファイナンスとは異なり，私的整理協議が不調に終わるなどにより，私的整理手続が法的整理手続に移行した場合，破産法や民事再生法上必ずしも共益債権として扱われるとは限らない。

　そこで，産業競争力強化法により，事業再生ADR手続において優先弁済の対象となる（強化法58条）ほか，法的手続に移行した場合でも裁判所が優先的扱いをするよう配慮される（強化法59条・60条）ことになり，プレDIPファイナンス（つなぎ融資）の優先弁済に関する蓋然性が高まった。具体的には，特定認証紛争解決事業者が，事業再生ADR手続の開始から終了に至るまでのプレDIPファイナンスについて，以下のことを確認する。

　① つなぎ融資が資金繰りのために合理的に必要なものであること
　② 対象債権者全員の同意を得たものであること

　法的整理に移行した場合，裁判所は上記の確認事実を考慮したうえで，「つなぎ融資に関する債権が他の再生債権（更生債権）に優先して弁済されても衡平を害しないか」判断する，となっている。

　また，プレDIPファイナンスの円滑化のために，産業競争力強化法により，債務保証が充実された。たとえば，事業再生ADRまたは中小企業基盤整備機構による調整，もしくは中小企業再生支援協議会による調整のもとで事業再生を図ろうとする事業者は，債権者間交渉成立までの期間に必要なつなぎ資金の調達に際し，中小企業基盤整備機構の債務保証を受けることができるようになっている（強化法58条）。

第4章

ライフステージ別
事業性評価・フォローアップの
再生支援事例

① 企業再生ステージ
―製造業の実践支援事例―

(1) 企業概要・経緯

① 企業概要

　当社は大手自動車メーカー系列の部品加工製造業である。総受注量の9割強を1社から得ている典型的な下請け企業である。1960年代に，現社長が，当時勤めていた工場から独立する形で創業した。創業当初は顧客獲得に苦労をしたが，高度成長時代でもあり，大手自動車メーカーの製品加工を任されるまでになった。15年前に，工場増設で2工場体制とし，従業員も増員した。

　現在の当社の状況は，資本金1,500万円，売上高2億円，従業員数30名，2工場（1つは休止中）である。

② 経　緯

　リーマンショック後，受注額が半減し，1つの工場を休止し従業員をリストラせざるを得なかった。その後も元請け企業から値下げ要求が相次ぎ，支給であった原材料の値上げなど，取引条件の一方的な変更や理不尽な要求などで，採算性は悪化するばかりであった。

　そのような状況下，2年がかりで準備してきた新車向けの受注が，売れ行き不振を理由に約2ヵ月でなくなった。ピーク時は4億円ほどあった売上高も2億円程度に落ち込み，この新車受注で巻き返そうとしていた矢先であったが，売上高はさらに8割減の5千万円程度まで落ち込む見通しとなった。

　ほぼ1社依存のため，無理な要求にも耐えてがんばってきた社長もここにきて，いよいよ下請け企業からの脱却を決意するに至った。しかし，元請け企業以外のネットワークが全くなく，創業以来営業をやったことがなく，部署も人材もいないため，途方に暮れ，結局，支援機関と専門家による再生支援に至ることとなった。

（2）外部環境・業界動向

　自動車業界はグローバル展開が進み，海外事業の影響を受けやすい業界である。国内販売は縮小が続いていたものの，リーマンショックの2008（平成20）年まではアメリカや新興国など海外向けが好調で拡大を続けてきたが，それ以降，急減した。2009（平成21）年度の決算では，大手自動車メーカーは軒並み大幅赤字に陥ったのである。それ以降もなかなか伸長しなかったが，2012（平成24）年にアベノミクス効果や円安などが経済環境に好影響を及ぼし，各社は業績を回復し，現在に至っている。ただ，国内消費は弱いままで，先行きも不透明感が強い。

（3）窮境原因

① 特定顧客への過度な依存

　当社は，ある大手国内自動車メーカーの主要取引先である，特定の1社との取引が95％以上を占める典型的な下請け企業である。以前には家電メーカーとの取引もあったが，家電メーカーの生産拠点の海外移転が進むとともに取引がなくなった経緯がある。

　当初は安定した受注量と収益性を確保できていたが，たび重なる値下げ要求やコスト負担など理不尽な要求も受けざるを得ず，収益性は悪化していった。

　決定的な契機は，2年の打ち合わせの期間を経て対応した新車対応の受注が，売れ行き不振を理由に数ヵ月で中止となり，売上高が8割減少となったが，ほとんど手当てされなかったことである。

◆ 再生に至った要因
　① 受注量の減少
　② 受注単価の引下げ
　③ コスト削減要求
　④ 付帯業務（梱包・配送など）の押しつけ
　⑤ 相手都合の短納期要請

⑥ トラブル処理の押しつけ

② 経営者リーダーシップの欠如
　従来は元請けからの受注にのみ対応していればよかったため，自社の将来の経営戦略，毎年の事業計画，予算を立てたことはなかった。元請け企業の一部門化しており，組織体制も製造加工に偏っており，営業部門は設けていなかった。経営者もリーダーシップが欠如しており，経営や財務の面での管理および対応が不十分であった。

③ 過大な設備投資
　元請け企業に求められるまま工場を新設し，ロボットを導入するなど，現在の売上を超える設備投資を実行した。すぐに受注額が急減し，過大な負債だけが今も残っている。2年前から，1つの工場を休止し，売却先を探っていた。

④ 営業力の欠如
　営業担当はいたものの，実際は配送と御用聞きしかやっていなかった。新規案件の開拓などの営業意識は欠如している。対外的な営業は過去にもやったことがなく，常に待ちの姿勢であり，営業力は欠如している。

⑤ 内部管理体制の不備
　当社は基本的に納期と品質以外の管理体制が整備されていない。経営戦略や事業計画がないため，達成目標がなく，予実管理も実施できていない。元請けから毎週届く受注予定表のみをベースにしており，価格決めや納期・品質に対する交渉力は弱い。

（4）再生可能性判断（事業性評価）
　事業デューデリジェンスを実施した結果，再生について，3つのポイントで可能性があることがわかった。

◆ 再生可能性のポイント
　① 経営者の覚悟と危機感
　② 強み（コアコンピタンス）の確認
　③ 事業拡大余地と成長性

① 経営者の覚悟と意識
　経営者の下請けからの脱却の決意は強かった。売上が8割減になっただけでなく，ここ数年，元請け企業からの値下げ要求や理不尽な対応が強まっていたからである。このままでは廃業を余儀なくされ，後継者である息子にスムーズな事業承継ができないとの危機感が大きくなったためである。

② 強みの確認
　当社の誰も自社の強みを認識できていなかった。しかし，長年，大手自動車メーカーからの厳しい要求に応えてきた実績がある。何もないわけがないとの認識で，現地調査やヒアリング，顧客への聞き取りなどを経て，以下の強みを特定することができた。
　① 外部に不良品を絶対に出さない検査体制
　② ロボットによる中量以上の生産体制と納期遅れがない実績
　③ ロボットができない高度な加工対応ができる職人がいること

③ 事業拡大余地と成長性
　以前は家電や医療機器などの加工も扱っており，当社の技術の応用範囲は幅広い。実際に経営陣中心に，既存取引先への別案件要請や仕入先・出入り業者・商工会紹介企業など協力者の探索・要請を実施した結果，他の自動車メーカー，医療器具，機械部品など，異分野の案件が発掘できた。見積り，試作品を経て受注に至る案件もあり，事業拡大余地はまだまだあることがわかった。

（5）再生計画

　再生計画は，新しい案件を含む形で作成した。ただし，確定しているものだけを計画数字に盛り込み，他は予定としての記載にとどめた。

　5年の再生計画で，売上高を個々の案件を月ベースの積み上げで計算したところ，計画1年目で前年比約180％（ピーク時の半分）まで回復する計画となった。2年目以降は案件の増加が見込め，休止中の工場再開で対応することができるため，案件数に合わせて，売上高は伸長し続ける見込みとした。

　再生計画は，経営サポート会議を経て，メインバンク，日本政策金融公庫，信用保証協会の了承を得て，リスケ対応となった。

（6）フォローアップとその成果

　再生着手時は，大口案件中止の直後であった。ピーク時4億円の売上高が1億円以下に落ち込み，約2億円の債務がある状態だった。2つの工場のうち1つは閉鎖し，役員報酬は半分に下げ，従業員の半分以上をリストラするに至るなど，コスト削減に努めたが，収益改善にはほど遠く，企業体力が弱体化していた。

　経営者は下請けからの脱却を決意したものの，営業力がなく，新規受注の見通しもない状態であった。当社の再生可能性は新たな受注を獲得できるかどうかにかかっていたため，下請け脱却するための新規営業活動を中心にフォローアップに入ることとなった。

　◆ フォローアップのポイント
　　① 経営者との信頼関係構築
　　② 新規開拓の営業支援
　　③ 全従業員を巻き込む体制構築の支援

① 経営者との信頼関係構築

　経営者の想いや考えなどを傾聴し理解に努めた。将来のありたい姿やビジョ

ンを明確にするところから始めた。特に，社長は，後継者へスムーズによい状態で事業承継したいという想いが強いことを確認した。

　経営者と，主に共感を伴う傾聴を中心としたコミュニケーションを重ね，自ら考え気づいてもらうよう根気強くうながしていった結果，従業員との橋渡し役を任されるなど，信頼関係を強めることができた。

② **新規開拓の営業支援**
　当社は営業部門を持っておらず，適した人材もノウハウもなかった。また1社の元請け企業以外に，地元企業や同業者・支援機関などとの交流や接点をほとんど持っていなかった。
　そこで，新規顧客開拓は社長，既存取引先の深耕開拓は息子が担当すると決めた。強みの明確化と，紹介者や協力者の発見から始めたところ，出入り業者の冶具屋や材料屋，機械メーカーなどが積極的に営業してくれることとなった。これらの業者にとっても，新規事業はビジネス拡大の恩恵を受けられるからである。

③ **従業員全員を巻き込む体制構築の支援**
　従業員全員を集め，経営者が謝罪と今後の決意を示し協力を求める機会を設けた。従業員ほぼ全員からヒアリングをし，不満や意見を傾聴した。就業規則の整備，作業工程改善など，従業員からの意見や要望を反映した取組みを経営陣にうながし仕組み化を図った。

④ **成　果**
　数千万円単位の受注案件が複数確定し，再生着手前は1億円を割っていた売上高は，計画1年目で2億円がほぼ確定した。計画2年目では，3億円を目指すまでとなった。

② 企業再生ステージ
―卸売業の実践支援事例―

(1) 企業概要・経緯

1983年（昭和57年），資本金1,000万円で設立し，雑貨のカタログ販売を始める。後に，全国26社と共同仕入会社を設立し，全国への販売・仕入ルートを構築した。当時，料理本を1年で100万冊販売し，業界の注目を集めた。社長はワンマンで，意思決定は社長独自で決定し，推し進めてきた。

美容・健康分野へ進出した時期があり，自社ブランド化粧品を発売した。仕入品ながらもマスク，美顔器が通販にて大ヒットとなり，これに乗じて，下着についても自社ブランドでの製造を行い，通販会社にてヒットした。最も飛躍したのは，下着がTVショッピングで大ヒットとなった時期で，年商20億円を達成した。

こうした経緯から，社長はさらに拡大をするべく，株式公開を目指して株式上場準備室を設け，証券会社および監査法人とコンサルタント契約を結んだ。資本金を3,127万円へ増資して，いよいよ上場の準備を進めていった。

翌年，売上減少となり，株式公開を取りやめるものの，多額のコンサルフィーの支払いを余儀なくされた。

リスクの高いTVショッピングから撤退し，組織および従来の販売手法を見直し，会社のスリム化を図ったが，低迷の流れは止められなかった。

(2) 外部環境・業界動向

美容健康分野は不況知らずであり，それゆえに各社がしのぎを削っている。一方，消費者は廉価志向になっており，ネットで価格も比較できることから，購買ルートが多様化している。こうした要因で，インターネット販売のシェアが増大して，商品のライフサイクルが短命化していることは言うまでもない。

一方で，参入が容易な分野であり，粗利率もよいことから，モノ溢れ市場になっている。身体に直接影響する分野であるにもかかわらず，粗悪品が出回

り，消費者保護の法規制が強化されている。

　当社は，リスクの高いTVショッピングから撤退し，組織および従来の販売手法を見直し，会社のスリム化を図ったが，低迷の流れは止められなかった。

（3）窮境原因
① 株式公開に向けた動きと過剰な販促活動で多大な資金流出
　銀行の紹介で当社の顧問となったコンサルタントが，2年半ほどマザーズもしくはヘラクレスでのIPOを指導した。株式公開の前提でなければ入社しないという条件を提示され，社長は何としても株式公開を進めるべく，尽力した。そうしたなかで，証券会社，監査法人等と次々と契約していった。

　業績の判断から，上場の手配を開始した。株式公開に関する経費は，おおよそ以下のとおりである。
- ◆証券会社：1,500万円
- ◆監査法人：4,000万円

　IPO準備での5,500万円に加え，売り急ぎのダイレクトマーケティング，過剰な販促活動などが資金流出を加速させた。結果として，相当な資金流出と労力・時間を払った末に実現されなかった。

② モバイル通販
　瞬間的な大口取引をねらって，ネット直販に向けて別会社を立ち上げた。これも，中途半端になり，費用対効果が認められないまま撤退した経緯がある。

③ 売上を立てるための無理な販促
　一方で，株式公開への売上達成のためにテレビショッピングに投入した仕入は，大まかには図表4-1のとおり。

④ ギャップ特約付き通貨オプション取引の経緯
　中国からの電動歯ブラシ輸入の際，仕入価格の平準化を勧められ，仕入安定

図表4-1　テレビショッピングに投入した仕入額

	通販売上	期末在庫	借入金	取引行数
1期	4,500万円	9,100万円	1億9,200万円	7行
2期	2億6,000万円	2億6,000万円	4億500万円	10行
3期	5億円	4億1,000万円	4億6,300万円	8行 IPO準備
4期	3億5,000万円	4億円	4億3,800万円	8行
5期	3億5,000万円	5億4,000万円	6億8,000万円	9行 IPO断念
6期	1億5,000万円	3億6,000万円	6億2,400万円	12行
7期	1,400万円	3,200万円	5億700万円	15行

の目的で為替予約の契約を締結した。

スタート当初にわずかな為替差益があったものの，その後は予想に反して円高が進み，1億円近くの為替差損が発生している。解約するにも数千万円の違約金が発生する状況であった。

(4) 再生可能性判断（事業性評価）

経営者の事業に対する甘さが多大な資金流出を生み出した。社長は，顔が利き，人脈のすばらしさはあるが，ワンマン経営でトップダウンの影響力は大きかった。各事項の良否判断についてボトムからの意見・見解が一考されず，独自の判断に基づいてなされるため，失敗となった。

事業性としては，商品や市場に対する目利きは客観的に見ても優れており，アクションも早い一方で，経験と勘での取引が多く，契約書も交わさずに取引開始するなど，リスクヘッジをしていない。社長がワンマンであったため，創業以来，リスク管理する人材が不在であった。

取引先，得意先ともにしっかり確保できているので，改善を実行して採算をきちんと取れる仕組みが構築できれば，事業が好転する要素は大いにあったと思う。

(5) 再生計画

改善すべき仕組みを協議した結果、大きくは以下の点について、速やかに取り組むこととなった。

① 社内管理体制の強化

役職があるにもかかわらず各自の責任が全うされず、トップダウン決議が多いため、役職に準じた責任と権限が不明確であり、各自が責任転嫁する風潮が蔓延し、全社的に組織モラルの低下を招いていた。

ここが、すべての窮境原因の源であるため、二の轍を踏まないよう、3者体制を敷き、社長から専務・部長への権限移譲を段階的に行い、役職者が役職に準じた責任と管理を行うようにした。これらに沿った新たな組織体制で、運営していくこととなった。

② 情報の共有化

担当者単独企画は承認せず、毎週月曜日朝に行われる営業会議（本社）にて進捗および企画案を報告する。他拠点事務所と本社との情報格差は、部長と事務所員との会議（出張のない場合は、メールとテレビ会議にて）を行い、情報共有化を図る。個別情報は該当者より営業部全員に情報発信した。

③ 契約書

明文化された契約にて、基本的事項をしっかりと取り決め、特に今後は資金的な余裕がないため、販売の資金を現金で早期回収、仕入の支払には与信をできるだけ延ばすよう努めた。

特に、返品、不具合発生時、保証に関する事項は相手企業との関係性もあるが、できる限り当社にリスクが少なくなるよう、交渉していった。

④ 販路開拓体制とメディアミックス

同じ通販業でも、カタログ通販のみ、ネット通販のみなどの会社もあれば、

テレビ通販やインターネットのモール型企業も進出してきており，一言で「通販企業」といってもさまざまである。

　総合カタログ通販は各社ともインターネット，雑誌など新たな媒体からの受注比率を上げることを目指している。また，通販との相乗効果をねらったアンテナショップ，事業性を重視した独立店舗などの実店舗の展開もさかんである。テレビ通販企業も，実店舗をオープンしたり，カタログ，チラシといった媒体を活用したり，小売店への卸を行うケースもある。これらをうまくコントロールできる立ち位置にあったため，戦略的に展開していくことができたのは，早期回復に大きく寄与している。

⑤ コストカット

　計画を立てる段階で，役員報酬カット，本社および東京事務所の不動産関係，組織人材等，コストカットできるところは概ね着手できており，現状を超えるカットをするとなると，事業がままならないというおそれがあった。
　計画段階での実施済み事項は，以下のとおり。
　① 役員報酬の削減，販促費の削減，事務所の移転
　② 賃借料の削減，手数料の削減，全社的な経費削減意識の醸成
　③ 出張費の圧縮，デザイン内製化による経費削減
　経営幹部が率先して体制を立て直している状況で，今後売上を立てていくための必要最小限の経営資源であると判断された。よって，計画策定以降は，粗利最大化に注力するアクションを起こしていった。加えて，人件費はむしろ増加する計画で固めていった。

（6）フォローアップとその成果

　特定の媒体に頼らず，複数の媒体から受注が可能な体制であることが功を奏した。今後は各媒体のシナジー効果を高めていくことがポイントとなる。

① チャネルを生かし切る取引形態構築

　当社は，有効なチャネルを多く持ち，選択肢が多い。顧客側から商品ニーズが提案され，受注生産同様の取引が可能になっている。以下の対策を実践していき，利益につながる取引を実現した。
　① 頻繁な会議や打合せを行うことで，水平的な情報共有を図る。
　② 成功事例の共有化により，多販売チャネルへ流用する。
　③ 既存チャネルを生かした取引を行い，売上向上を図る。
　④ 商品のPR，リニューアルを定期的に行う。
　⑤ 同業の顧客同士でも競合しない関係づくりを強化する。
　⑥ 曖昧な取引条件の是正（契約書を交わす）。
　現在，企画・在庫確保数量については，販売先から展開期間と販売予測数量の情報を得られるため，それに基づく在庫調整を行っている。
　ただし，事前の予測精度が非常に悪いため，発注数量を適正にし，また，発注タイミングも余剰在庫を持たなくてすみ，かつ，納期にさかのぼった発注を行うことで，在庫を適正に保つ管理を行っている。

② ガバナンス構築を実現化

　組織体制については，以下の条件が実行されることを前提としてフォローアップした。
　① 社長独断での事業ではなく，全社で推し進める体制をとる。
　② 社長の関与する事案と詳細に関与する事案の切り分けを明確にし，社長が抱え込むのではなく，より詳細な事案は現場担当者が行い，社長は全体進捗の管理に徹することにする。
　③ 社長の進めたい案件の場合でも，反対意見にも耳を傾け，案件のあるべき姿と現実想定とのギャップ・リスクを事前に擦り合わせ，リスクを極小化するよう行動する。
　④ 以下の社長決済事項を部長へと移行する。
　　・商品開発決定

図表4-2 取引先整理一覧表

【販売先回収条件】

No	顧客名	販売商品	前期実績	半期実績(6月-12月)	所在地	締日	支払日	支払方法	契約書	回収サイトについての補足	その他対応
1			53,567,993	39,448,960	東京都	月末	翌月末	振込	有		返品については都度協議にて対応している
2			4,807,012	37,661,150	愛知県	月末	翌月末	振込	無		返品無し
3			55,928,580	36,924,984	広島県	20日	翌々月末	振込	有	支払短縮の依頼したが、裏議下りず	交渉不可
4			84,476,841	30,765,431	東京都	月末	翌月25	振込	無	手形(120日)を振込みへ変更済み(09	交渉不可
5			20,638,969	30,702,731	大阪市	月末	翌月末	振込	無		返品については都度協議にて対応している
6			1,003,388	7,001,576	千葉県	20	翌月15	振込	有		返品無し
7			7,423,954	6,196,580	東京都	月末	翌月5	手形(150	有		返品無し
8			11,470,877	5,807,404	京都府	20	翌月末	振込	有	ファクタリング有り	交渉不可
9			2,773,800	5,629,480	東京都	月末	翌々月末	振込	有		返品無し
10											

※売上額順にて表示

【仕入先支払条件】

No	仕入先名	対象商品	前期実績	2B期(6月-12月)	所在地	締日	支払日	支払方法	契約書	支払サイトについて補足	その他対応
1			60,135,259	33,432,530	東京都	月末	翌月末	振込	有	売買があるため、共通の支払サイトに企画延長の為、介在	製造元との間で支払サイトを延長
2			3,466,500	26,691,700	大阪府	月末	翌月末	振込	有	20日締、翌月10日支払(90日手形)か	企画後全量返品対応
3			28,336,580	17,318,640	静岡県	月末	翌月20	振込	有		企画後全量返品対応
4			25,026,182	15,499,525	東京都	月末	翌月末	振込	有	20日締、翌月20日支払(90日手形)+翌月納品分について資材の半年保管対応	
5			27,463,710	14,412,642	愛媛県	月末	翌月末	振込	無	月末締、翌月10日手形(115日)	翌月5,000ヶ以上発注時、分納対応
6			13,854,505	8,293,730	大阪府	月末	翌月末	振込	有		企画後全量返品対応
7			200,000	6,288,000	東京都	月末	翌月末	振込	有	売買があるため、共通の支払サイトの後、90日のサイト	不可
8			9,378,676	5,164,569	東京都	月末	翌々月末	振込	有	商品毎に交渉し、締め後90日のサイト	
9											

※仕入額順にて表示

・新規プロジェクトへの決済
⑤ これらの体制整備と情報共有化に向けて，営業会議を開催することとした。

③ 黒字化とさらなる飛躍

　これらがうまく機能して，1年目で黒字化を達成した。以降は，新商品開発もほぼ計画どおりに進捗し，多少売上の変動はあったものの，ヒット商品にも恵まれて，順調に営業利益を出し，協議会案件から卒業した。

③ 企業再生ステージ
─小売業の実践支援事例─

(1) 企業概要・経緯

　当社は，関東圏で数店舗の花屋を運営している小売業者である。各店舗は主に，ターミナル駅の駅ビルや百貨店にテナントとして入っている。本社は別にあり，社長自宅敷地内に，直売所，製造加工所，事務所，在庫置場がある。資本金600万円，従業員数75名（うちパート65名），年商約2億5,000万円（平成28年）である。

　現在は二代目の社長が経営しているが，創業は1977（昭和52）年にさかのぼる。先代は花きの卸売市場との良好な関係を築き，店舗を拡大していった。一時期はホームセンターやスーパーなどへの卸売りもやっていたが，現在は完全撤退している。

　3年前にメインバンクである地元金融機関の主導のもと，再生の支援が開始された。当時の状況は，以下のとおりであった。

① 7年連続売上減少
② 5年連続赤字計上
③ 債務超過

④ 従業員の昇給10年以上なし
⑤ 社会保険料未納

(2) 外部環境・業界動向

　花屋をとりまく環境は厳しい。**図表4-3**によると，専門店の花屋は店舗数も販売額も減少傾向である。背景には，花自体の需要低迷と顧客の購買行動の変化がある。農林水産省「花きの現状について（平成28年8月）」によると，スーパー・ホームセンターでの販売が増加する一方，専門店の販売額は大きく減少している。特に，若い層ほど花を購入する頻度や金額が少ない。花を購入する主要な年代は60歳以上であることからも，将来はさらなる市場の縮小が避けられないと見られている。

　当社のほとんどの店舗は，百貨店や商業施設のテナントとして賃貸入居している。近年は，百貨店自体の集客力が衰えてきたことと，百貨店自体の統合整理による閉店やテナント入れ替え要請も増えており，来店客減少や閉店などの影響を受けている。

(3) 窮境原因

　再生支援を実施するにあたり，事業デューデリジェンスを実施した結果，以下のように窮境に至った原因を究明した。

① 無計画で採算無視の出店攻勢による財務状況の悪化

　花屋にとって，百貨店からお声がかかるのは名誉なことだという感覚が残っており，出店依頼があると喜んで出店していた経緯がある。配送効率が悪い遠方の立地や，大手花屋が不採算で撤退した居抜き物件でさえも，集客や採算性を十分に検討せずに出店してきた。

　背景には，経営陣に売上重視の考えが根づいていて，出店すれば売上高が拡大し，入金が増えるため，新規出店には前向きであった。しかし，自らの出店戦略を持っておらず，誘われるまま出店を積み重ねた結果，配送に時間がかか

図表4-3　花屋関連の統計データ

・花き専門小売業者数（経済産業省商業統計より）
　27,442店（平成9年）　→　25,273店（平成19年）　※8%減少
・花き専門小売販売額（経済産業省商業統計より）
　7,365億円（平成9年）　→　5,724億円（平成19年）　※22%減少
・切り花の1世帯当たり年間購入額（総務省家計消費調査より）
　11,555円（平成13年）　→　9,616円（平成27年）　※17%減少
・年齢別切花購入額（総務省家計消費調査平成27年度より）
　1,669円（29歳以下）
　2,866円（39歳以下）
　4,190円（49歳以下）　　　　※若い層ほど購入額は少ない
　9,006円（59歳以下）
　13,319円（60歳以上）

り，店舗指導もままならない効率の悪い広範囲に点在する店舗配置となってしまった。

② 環境変化対応や将来戦略が欠如したその場しのぎ経営

　花に関する市場は縮小傾向が続いている。当社の業績も下降の一途であるが，事業や商品構成・販売方法など根本的な対応策を検討することはなく，経営陣は店舗の責任ばかりを追及していた。

　組織として機能しておらず，経営陣はすべて現場重視の作業者としての役割がほとんどで，将来に対する計画や方策などを話し合う会議などの機会すらない状態であった。店舗についても，運営のみならず，採用・教育についても店長に任せっ放しで，本社からの店舗指導はほとんどなかった。

③ 経営・店舗・業務・財務など管理業務全般の未実施

　売上・粗利しか把握できておらず，経費を考慮した，本社・店舗別の業績管理は未実施であった。加工や保管・配送，管理業務を担う膨大な本社経費を放置しており，店舗への経費配賦など進めていなかった。また，月次試算表，資

金繰り表などを作成しておらず，赤字幅を膨らませていった。

(4) 再生可能性判断（事業性評価）

事業デューデリジェンスにて，当社の業務の無駄の多さと非効率さが明らかとなった。社長を含む経営幹部との協議のうえ，まずは不採算店舗の早期閉店と，役員報酬を含む大幅な経費削減による赤字垂れ流し状態の解消を目指すことで合意に至った。

ただし，負債が過大なため，10年どころか30年かかっても返済できる計画が立てられないことが判明した。そのため，営業力強化や新事業開拓による収益力の向上が必須との認識で，全社従業員を巻き込んで取り組むこととなった。

① 店舗従業員による法人営業開始

顧客の9割以上は個人の消費者であったが，店舗周辺の法人企業へも積極的に営業することとなった。店舗が入っている百貨店や駅ビル周辺にはオフィスが多く，法人の固定客も少数だがいたからだ。リスト化して店舗ごとに営業活動を実施していきながら，店長会議で成功パターンの情報を共有していった。

たとえば，旅行会社や証券会社などの優良顧客の奥様の誕生日に花を贈る企画がヒットした。住宅会社には，新築を引き渡す際の演出で使われることとなった。法人開拓により，まとまった数量・金額でリピート受注となり，収益向上に貢献した。

② 経営幹部による新事業開拓

本社では，社長を中心に新規事業の開拓に取り組んだ。経営理念や将来を話し合う過程で，現況に至った責任や後継者への心配，地元への貢献という社長の想いが確認できた。社長の意識が変わり，目的が明確になったことで，新事業開拓に本気で取り組むようになった。

本社が位置する地元で，初期投資がかからないことを条件に，取引先や業

者，地域関係などあらゆる可能性を検討した。それらのなかで霊園向けに取引を見つけ、それを足がかりに、伸ばしていくことができた。

(5) 再生計画

事業デューデリジェンスにより、再生支援の方向性は明確となったものの、債務超過額と負債が過大で解消するためには10年では困難なことと、不採算店舗閉鎖や新事業など不確定要素が多いため、暫定計画を作成することとなった。

売上高は、不採算店舗数店の閉店で2割以上の減収となるが、閉店、経費削減、シフト管理の徹底、仕入改善によるロスの削減などの対策により、計画1年目に単年度の黒字化達成見込みとなった。

新事業に関しては、営業活動後の成果しだいのため、計画数値には含めず、アクションプランに具体的に盛り込むこととした。

(6) フォローアップとその成果

当社は、計画や予算に基づいて組織全体で取り組むことに不慣れであった。そのため、再生計画やアクションプランを作成しただけでは、実行し成果に結びつけることは難しく、外部による継続的な再生支援が必要であった。

① 社長宣言と全従業員を巻き込んだ土台づくり

社長から全従業員へ現況の説明と協力の要請をした。財務諸表も初めて公開したのだが、ほとんどの従業員はこの時に初めて会社の苦境を知ったのである。当初は反発もあったが、社長が赤字脱却を宣言し、全従業員を巻き込んでの取組みを進めることができた。

経営幹部と全店長が一緒にSWOT分析や対策などを実施することで、徐々に社内雰囲気とモチベーションを醸成していった。今まで計画を作成したことも組織だって取り組んだことがない当社にとっては、まず、再生に取り組む土台をつくることを優先した。

② 業績管理の仕組みづくり

　経営幹部会議や店長会議をスケジュール化して，できたこと・できなかったことの振り返りと，いつまでに何をやるべきかを確認することの習慣化に取り組んだ。そのなかで，社長以下経営幹部が集まって，役割の明確化，店舗指導，営業強化，人材育成などのコミュニケーションをもっと増やすように取り組んだ。

　振り返りや管理に活用できるツールを整備した。まず，本社経費や減価償却費を各店に配賦した，店舗別・事業別の年間予算を作成した。それに基づき，月別・店舗別業績管理表を作成し，目標に対する達成度が確認できるようになった。翌年には，予算立ては各店舗の店長ができるように取り組んでいった。

③ 新事業の積極的推進

　店舗事業だけでは，過大な負債の返済は困難なため，新規事業の開拓による収益増加が必要であった。既存取引先や業者，地元企業を丁寧に調査していったところ，店舗では法人向け，本社では霊園，コンビニエンスストア向けの販売に可能性があることがわかった。

　当社は財政的にも人材的にも余力がないため，不足している経営資源を外部の協力者に依頼することにより，新しいビジネスの展開に積極的に取り組んだ。その結果，初期投資をほとんどかけずに新しい事業を増やし続けることができた（図表4-4）。

④ 成　果

　再生支援開始から4年で売上高はおよそ1.5倍となった。当初は小売店だけだったが，法人からの定期注文，霊園事業，コンビニ事業が軌道に乗り，今後も造園事業やネット通販などを予定している。

　再生開始2年後に単年度黒字を達成したが，いまだに債務超過状態のため，銀行からの新しい融資は受けられない。しかし，今後も培ってきたノウハウを

図表4-4 新規事業の拡大推移

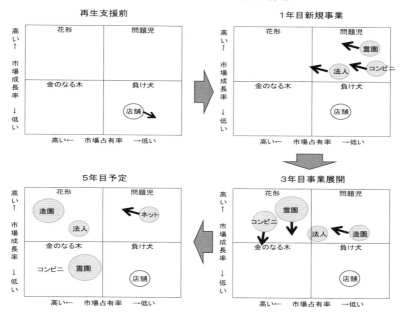

活かし,お金をかけずに新しいビジネスの創出に積極的に取り組む予定である。

 # 企業再生ステージ
―飲食業の実践支援事例―

(1) 企業概要・経緯

当社は関東地方で,「そば店兼居酒屋」を営む有限会社である。資本金500万円,役員4名,従業員6名(うちパート5名),年商4,200万円(平成26年当時)である。

1936(昭和11)年にJRローカル線の駅前に先代が開業し,現代表が1996

（平成8）年に店舗を郊外の現在地に新設移転し，法人化している。新設費用1億円のほぼ全額をメイン行からの長期借入金で調達している。

新設移転後数年間は売上高6,000万円前後，損益は数年間平均で若干のマイナスとなっており，減価償却費の範囲でかろうじて返済を行っていた。ところが，2004（平成16）年頃から逓減した減価償却費の範囲では全額返済できず，他行からの借入を含め借り換えを繰り返すようになり，2011（平成23）年からは1,000万円程度の債務超過となり，2014（平成26）年にメイン行から中小企業再生支援協議会に持ち込まれたものである。

(2) 外部環境・業界動向

当社店舗は，主要幹線道路で交通量の多い国道のロードサイドに位置し，近隣の観光地から1kmほどの距離である。近隣には大規模な商業施設が隣接し，多くの集客が見込めるため，ファミリーレストランチェーン，回転寿司，その他の料理専門店が多く出店してきている。

内閣府などの統計資料からすると，外食産業の市場規模は，1997（平成9）年の28兆円超をピークに2001（平成13）年頃から24兆円程度と横ばいで推移している。

また，当社の商圏と考えられる近隣市町村の人口は，少なくとも2004（平成16）年からは漸減している。

このように，幹線道路に面した商業集積地に位置して立地は良好である反面，市場規模と人口漸減にもかかわらず多くの外食産業が出店して競争が一段と激化している。

(3) 窮境原因

窮境原因は以下に集約される。

① 新設店舗の過剰設備投資

可能駐車台数20台に比して約85坪の店舗床面積や100席弱の席数を考慮す

ると，建物などへの総投資額1億円という金額は過剰であったと考えられる。

　駐車スペースを増やし，店舗床面積や席数を減らすことにより，総投資額は抑えられたはずである。年間売上高が6,000万円前後であったのに対して，新設後5年間の償却負担は平均600万円以上に及び，また，当初の金利負担は300万円程度あり，償却負担・金利負担は相当重かった。

② 外部環境変化と組織的対応の遅れ

　店舗が面する国道沿いに大規模商業施設が年を追って新設・拡大され，それに伴い同国道の交通量は増加しているものの，そば店，居酒屋，回転寿司，ファミリーレストランなどの外食産業としての競合店も年々増加しており，競争が激化し顧客争奪戦が繰り広げられていた。

　このような外部環境の変化に対して，顧客の嗜好に適切に対応したメニューの開発・提供はなされなかったため，海鮮料理や牛肉料理を求める顧客が競合店に流れた。

　また，当店の店舗の状況は，導入間口が狭いことに加えて大看板の照明が暗く夜間の訴求度が低いことが原因で，店舗前面を自動車通行する顧客が入りづらいものとなっていたが，それをそのまま放置しており，顧客訴求，来店誘導等の適切な対応がなされなかった。

　加えて，席数に比し可能駐車台数が不足しており，宴会客や観光バスが入った際には他の顧客が入店できない状況となって，そのために客数が伸びないというボトルネック状態となっていた。

　客数が伸びなければ，客単価を上げることが考えられるが，顧客争奪戦となっているなかで現状を変えれば，さらに売上が減少することを慮って，客単価を上げることができなかった。たとえば，飲み放題の宴会の場合，4時間でも4,000円という設定であり，売上総利益率を落としていた。

（4）再生可能性判断（事業性評価）

① コンセプトの確立

a) 競合外食店のポジショニング分析

店舗周辺の競合外食店11店を対象に食事メニューの平均単価と和食・洋食等度を調査，分析した。具体的には，サイドメニューを除いた食事メニューの平均単価を計算し，各メニューが和食，和食以外，折衷食のどれに該当するかを識別して，各店の和食度とした。

縦軸に食事メニュー平均単価，横軸に和食度（0に近いほど洋食等度が高い，すなわち和食度が低く，100に近いほど和食度が高い）を表示して，ポジショニング図を作成した（**図表4-5**）。

b) ポジショニング分析からの方針決定

ポジショニング分析からは，以下の事実が判明した。11店のうち，ファミリーレストラン4店は和食度10以上50未満で平均単価500〜1,200円の範囲に収まり，和食処4店は和食度90以上で平均単価1,200〜2,200円の範囲に収まり，和食度50で平均単価3,000円の店舗が1店あった。

当店の現状は和食度が95で単価が1,300円程度であるのに対し，和食度が60〜80で単価が1,000円以上のところに空間がある。この場所は，和食以外に折衷食も同時に食べることができて，比較的単価が高いという特徴がある。和食度が低いところにも空間はあるが，和食中心の当店には不向きなところである。

前者の空間は比較的高単価であり，敬遠されないかが気になるが，競合店のうち2店舗は2,000〜2,500円圏に，1店舗は3,000円圏に位置し，これらはともに繁盛しており，この単価まで許容する顧客は多数存在するものと推測できる。

そこで，当店は和食度70前後で単価2,000円前後を中心としたゾーンで勝負するべきとした。

また，店舗周辺の宴会を受け付ける競合居酒屋6店を対象に飲み放題を含む

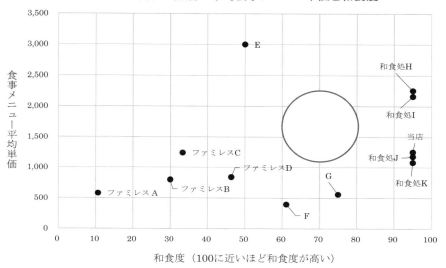

図表4-5　競合する他店の平均食事メニュー単価と和食度

宴会の1名当たり単価を調査した。6店のうち5店が，時間制限2時間として飲み放題込みの宴会1名当たり単価を4,000～5,000円とするのが主流であった。1店舗のみ時間制限なしで6,000～7,000円としていた。

そこで，比較的高単価ねらいの当店では，時間制限なしで5,000～6,000円とした。

c) 対象顧客の選定

店舗前を通行するのは，家族連れを含む近隣の商業施設の利用者，観光客，通勤・業務中の運転者など（業務客）であり，当店の来店客も同様であることから，ターゲット顧客を家族客，観光客，業務客とし，現状で売上源となっている夜の宴会客を加える。

特に，昼夜ともに見込め，近隣の回転寿司やファミレスなどに奪われているマイカーで来店する家族連れを最重視すべきである。

d）コンセプトは「モダン和食処」

和食度70圏は，刺身中心の海鮮料理など従来からの和食のみならず，牛鉄板焼，しゃぶしゃぶ，和風ハンバーグ，から揚げといった日本でアレンジされて，今や和食となった現代的和食とでもいうべき料理をも提供するゾーンである。

そこで，照準顧客とする家族連れを意識した「モダン和食処」をコンセプトとし，刺身を中心とした海鮮料理と牛鉄板焼き，しゃぶしゃぶ等の牛肉料理を2メインとする。

照準顧客への対応として，分煙化をいっそう進める必要がある。個室が大小4室あり，店舗面積が広いため，客の来店状況に応じて喫煙するしないで案内する席を工夫することで，排煙設備を導入しなくても比較的容易に分煙化できる。

また，ノンアルコールのドリンクを無料提供する「ドライバー特典」を飲酒しないドライバーにサービスするなどの対策も有効である。

② 駐車スペースの確保

現在の駐車収容台数は，顧客用18台，従業員用2台，合計20台である。駐車可能台数を増やすため，以下の対応を採る。

玄関横に軽自動車2～3台分のスペース，奥に従業員用スペース，その横に普通車用2～3台分のスペースがある。それらの場所に白線引きして，5台分ほどスペースを広げる。

また，今まで観光バスを誘導する際に駐車スペース5台分を潰していたが，今後はあらかじめ従業員の車を近隣の駐車場に移動し，空いた従業員用スペースに観光バスを誘導して，これまでのような，観光バスによって他の顧客が駐車できなかった状況をなくす。

③ 広告大看板の新設

当店開店時に160万円を費やして設置された看板があるが，120万円程度の

予算で，照度の高い外照明付広告看板を敷地の入り口わき正面に道路と並行に新設する。大きさは高さ3m，横幅6m，表示面は高さ約2.4m，横幅6m程度とする。

内容は開発したメニューを顧客に認知してもらえるよう，刺身盛合せ，牛鉄板焼，海老天ぷらとそばを組み合せた御膳の写真を貼る。

また，店舗に高級感をもたらすために，50万円程度の予算で，屋根上に，「モダン和食処」と店名の2行を表示した木製看板（高さ3m，横幅6m）を設置する。

④ 売上増加による再生可能性が生じた

駐車スペースをある程度増やし，照準顧客に対応できる新メニューを開発し，その内容を外照明付大看板などで訴求することにより，客数と客単価がともに上昇して売上が増加することが期待でき，事業の再生可能性は認められるものと判断した。

(5) 再生計画
① 計画の概要

再生計画には，上記（4）の事業計画を盛り込み，計画期間は計画0年目の後10年計画とした。

売上高は，駐車スペース拡大などの顧客への浸透期間を考慮して，計画0年目は前年比横ばいとし，1年目以降5年目まで毎年平均2～3％の上昇，6年目以降は横置きとした。

フリーキャッシュフロー（FCF）は計画5年目まで年間平均数百万円程度出るものとなった。年間返済額については，1年目は看板などの設備資金に充当するため，2年目は運転資金確保のため，それぞれFCFの約4割弱に抑えて2年間は半額に逓減した返済額とし，計画3年目以降はFCFの約8割を返済額とした。

本計画の損益予想は，計画3年目までに黒字化し，計画5年目で債務超過が

解消するように推移するものとした。

債務超過解消時点でのキャッシュフロー（C/F）倍率は3.5倍となって，いわゆる合実計画と認められるものとなった。

② バンクミーティングの結果

取引金融機関は，メインバンクである地元の信用金庫本店および政府系金融機関，保証協会の3者である。

3者に対して，バンクミーティングにおいて，計画案を説明し，同意期限内の同意を求めた。ところが，メインバンクである信用金庫が2年間の低減返済は長すぎることを理由に同意が留保された。同金庫の理事長の意向によるものとのことであった。当初，同金庫の本店長は理解を示していただけに予想外の展開となったが，再協議し結果的に逓減返済は1年間となった。

（6）フォローアップとその成果

① 計画0年目

再生計画が作成されたのは計画0年目の終盤であったが，計画0年目の期末前3ヵ月間に，一部の計画は実行済みであった。すなわち，駐車可能台数を5台増加し，観光バスを計画どおりに誘導していた。その結果，3ヵ月間の売上高は前年比3％程度増加していた。この期間においては，目論見どおり客数が上昇していたのである。

② 計画1年目

再生計画成立後，計画1年目において，外照明付大広告看板を設置した。計画1年目以降，新規メニューの提供を次々に開始した。

たとえば，刺身盛合せ，牛鉄板焼，各種御膳，鰻重，海鮮丼，しゃぶしゃぶ，海鮮なべである。また，飲み放題込みの宴会1名当たり単価を5,000円以上とした。

各種御膳は3種類用意するが，高単価で同一価格のものを2種類，低単価の

ものを1種類用意して,心理的に高単価で同一価格のものが選好されるように処置した。

　飲み放題込みの宴会1名当たり単価を引き上げる方策として,最初は金・土・日曜日についてのみ5,000円以上とし,客離れがないことを確認後,すべての曜日について5,000円以上とするというように,段階的に引き上げていった。

　その結果,計画1年目は売上高が計画0年目対比で10%以上上昇した。

③ **計画2年目**

　計画2年目も前年同月比20%以上上昇している。計画1年目と同様,目論見どおり客数と客単価がともに上昇していたのである。

　メニューを追加するのみでは,メニュー品目が多くなり効率が悪化することから,計画2年目において,品目の絞り込みを行い,売れ行きの悪いものや手間のかかるものを外した。一品単価や客数の増加によって処理量が多くなってしまい人員を増やすことのないようにするため,また,食材全般の回転率の悪化によって食材の廃棄ロスを増加させず,売上総利益率を低下させないようにするためである。

　また,店内の座敷テーブル席について,顧客の老齢化や子供連れ家族客誘致などに対処すべく改良工事を施し,テーブル下を掘り下げて腰かけられるようにした。

　計画では50万円程度の予算で,屋根上に「モダン和食処」と店名を表示した木製看板(高さ3m,横幅6m)を出すこととしていたが,保留とした。

　予算は超過するが,厨房と一部客席などの改修工事を行い,厨房の見える化と厨房沿いにカウンター席を増設することによって,厨房密着感を出すよう計画変更することを検討している。

　この変更計画のねらいは,以下のとおりである。当店は家族連れを照準顧客としているが,1名での来店客も多く,そのような来店客が座る大テーブルが満席の場合に対処することに加え,カウンター席に着いた来店客に店主が調理

中に話し相手になることによって，固定客化することにある。

④ 早まる債務超過解消
このように計画1年目において，売上高は10％以上増加し，売上総利益率，販管費はほぼ横ばいとなり，営業利益は計画以上の額を出している。

計画2年目も売上高は計画1年目対比で20％以上増加する勢いである。

計画以上に業績が回復したため，計画2年目で黒字化し，計画5年目でとした債務超過解消も計画よりも，1～2年早まる見通しとなっている。

⑤ 民事再生ステージ
―建設業の実践支援事例―

(1) 企業概要・経緯
当社は，関東地方で，公共土木工事を主とする会社と公共・民間建築工事を請け負う会社の2社が合併した地方ゼネコンである。資本金5,000万円，役員4名，従業員60名，年商25億円（平成22年当時）となっている。

それぞれの会社の代表取締役2名が，合併後には代表取締役社長，代表取締役会長に就任している。工事部門は上記合併前からの2部門を引き継ぎ，社長が土木工事部門を，会長が建築工事部門を統括している。

資金繰りに行き詰まっているとのことで，知人の紹介により要請されて顧問に就任した。財務状況，特に資金繰りを把握しようと調査を開始していたところ，仕入先の1社から仮差押えがなされた。この仮差押手続の進行を停止するため，付き合いのあった法律事務所に依頼して東京地裁に民事再生手続の申立てを行った。

合併後数年間で売上高を伸ばし，合併前2社の合計額の2倍以上となっており，帳簿上は当期純利益が若干のプラスとなっていたが，粉飾決算によるもので，実態バランスは2億円程度の債務超過となっていた。

申立て後まもなく民事再生手続開始決定がなされ，仮差押え手続の進行も停止された。

(2) 外部環境・業界動向

当時民主党政権でハードからソフトへの転換として，箱物工事は予算が大幅に削減されていたため，公共工事は件数が減少し，公共工事入札は低入札が頻繁に起きていたほど，建設業界は競争が激化していた。民間工事においても公共工事の過当競争が影響して，請負金額は低く抑えられていた。

特に，中小ゼネコンは苦しい経営状態が続き，倒産する企業も続出して，建設業界は生き残りをかけた戦いが繰り広げられていたといっても過言ではなかった。

(3) 窮境原因

窮境原因は次のとおりである。

① 意思疎通の欠如

まず，当社のような合併会社に特有の意思疎通の欠如があげられる。合併前からの工事2部門が独立採算と称して，それぞれが勝手に工事を受注し，経費を使っており，管理部門はあるが，ほとんど無管理状態であった。

② 売上拡大主義

建築業界には経営事項審査（通称，経審）があるが，経審などで点数を上げるために，人員や業容を拡大することが選好され，人員を増加し，売上拡大主義に走った。実績をつくり次の工事を請けるために，積算見積り時点で若干赤字工事となっても，下請コントロールによって次回工事で修正すればよしとの社内風潮があったが，実情は原価管理が行き届かず，若干の赤字どころか大幅な赤字となる工事が続出し，次回工事で修正するどころかさらに赤字を増大させていった。

前述のとおり，業界全体で工事件数が減少するなかで，稼働率が低下して工事原価赤字を拡大させないために，稼働がゼロよりはあったほうがましとばかりに，赤字覚悟の応札も行い，さらに赤字を増加させるという悪循環に陥っていたのである。

(4) 再生可能性判断（事業性評価）

民事再生手続では，債権者の債権が権利変更されて大幅削減となる場合が多く，債務者にとって抜本的な事業再構築が可能となる反面，事業価値が大きく毀損し将来の事業運営が難しくなるが，建設業では受注が一時的な停止はあっても大口取引先などの取引継続が見込まれる場合，その存在がスポンサー代わりとなって信用補完の役割を担い，事業価値毀損が軽減される。

そこで，次の4つについて検討することとした。

◆ 4つの検討課題
　① 窮境原因除去等による将来事業価値
　② 権利変更による債務削減額
　③ 大口取引先等の取引継続の可否
　④ 企業間信用がないなかでの運転資金確保

このうち，特に，③と④が最大の問題となる。検討の結果，以下のとおりとなった。

① 窮境原因除去等による将来事業価値

人員を3分の1の20名程度にし，原価管理のための役員等による会議を毎月複数回開催することなどによって認められるものと判断した。

② 権利変更による債務削減額

財産評定後，債務の80％で2億円以上が削減できることが確認できた。問

題は，債務免除益であるが，粉飾期間が5年以内であり，税務当局に対する更正の請求または嘆願が可能であると判断した。

③ **大口取引先等の取引継続の可否**
民事再生手続に入る前に大口取引先が取引継続を容認したことを確認したうえで，手続申立てを行っている。

④ **企業間信用がないなかでの運転資金確保**
これも，手続前に資金繰りを見積り計算したうえで，手続申立てを行っている。また，仮差押え分の金額を控除しても，取引先から債権回収ができることが確認できた。もっとも，工事再開時期と工事期間いかんによっては運転資金ショートの可能性があり，また，赤字工事を解除しない場合には，DIPファイナンスを受けなければならないとも判断していた。DIPファイナンスについては，「(6) フォローアップとその成果」で説明する。

以上により，再生可能性は一応，認められるものと判断した。

(5) 再生計画
再生計画案のほか，事業計画案を裁判所，金融債権者に提出した。債権者集会において所定の要件を充足し，東京地裁から認可決定を受けた。
再生計画案は，80％以上の債権カットという権利変更のほかは，株主責任をとり100％減資とし，一部の経営者は経営責任をとり辞任する，という内容とした。その実行を速やかに行うなか，減資と同時に行う増資において，経営者の親族等が新株主となった。

(6) フォローアップとその成果
① **アーリーステージDIPファイナンス**
赤字工事は解除するとの短期的視点に基づく考え方に対し，解除せず完工し

て将来の自治体発注工事の受注を事実上可能にするという経営合理性を優先させて，10件程度ある残工事すべてを完工させるとの方針を立てた。

そのためには運転資金が必要となり，民事再生開始決定直後からメイン行や新規取引銀行等とDIPファイナンス交渉を開始したところ，発注者である自治体発注工事に対する売掛債権譲渡担保案が出て，同自治体に債権譲渡禁止の解除を認めてもらう必要が生じ，交渉の結果，特例扱いで承認された。

これにより，新規取引銀行から運転資金として数億円の債権譲渡担保融資の実行を得ることができた。実行前に融資証明をもらい，当然に支払不安を抱く資材業者や下請業者を説得し，工事を続行することができた。

② レイターステージDIPファイナンス

しかし，それも束の間，東日本大震災が発生し，申立て前に受注した残工事の多くは中断し遅れが生じた。大幅な人員削減が必要であった一方で，残工事続行のために人員確保も必要となって，工事遅延は労務費増大に直結した。さらに資材難や作業員不足からの価格高騰も加わり，工事原価は膨れ上がり，大きな損失となった。

震災1年後に，㈱東日本大震災事業者再生支援機構が設立されたのを好機とし，震災後の工事遅延等によって被った間接損害からの復興のための赤字補填資金として，同社に融資保証を申し込んだ。

保証を受けるためには，取引銀行を確保する必要があり，アーリーステージでDIPファイナンスを受けた銀行との取引が決まり，同機構からの保証による融資が実行された。

ただし，短期融資であったため，別に取引銀行を確保する必要があり，幸いにも他行とバンクミーティングを重ね，2行協調融資に乗り換えることができた。

③ 低粗利体質からの脱却

工事受注は，大口取引先の理解に恵まれ，想定どおり継続された。当然なが

ら，売上拡大主義から利益重視主義に経営方針を転換した。

原価管理については，毎月2回程度幹部会議を開催すると同時に，原価・売上総利益を早期に集計できるように管理体制を整備した。このような方針転換と原価管理の徹底により，現在，低粗利体質から脱却しつつある。

 ## ライフステージ・再チャレンジ
―小売業の実践支援事例―

（1）支援の概要

北陸地区のX県で酒屋を営む個人事業主。

3代目である父親が代表をしており，近隣の旅館や飲食店に酒などを納める事業と店売りとで，家族7名が生計を立てている。旅館や飲食店の事業は主に娘婿が担当し，店売りは妻と娘が担当している。ピーク時の年商は1億円以上あり，地元の名士として多方面で活躍していた。

しかし，リーマンショック以降，特に観光業をとりまく環境は厳しさを増し，主たる取引先である旅館や飲食店の業況は悪く，廃業および倒産する会社が後を絶たず，かつては100軒以上あった旅館も，今では10軒程度までに減り，厳しい経営が続いている。また，店売りもコンビニエンスストアの進出などで苦戦しているのが現状である。そのため，長年，家族6名を養っていくには金融機関からの借り入れに頼るしかなく，借り入れも年々増加傾向である。そして，ついには元本の返済もままならなくなり支払いをストップし，当然，金融機関からの追加融資もできなくなり，かつ，一族での手持ち資金も底をついた状態で地元商工会に相談に来た。商工会としても寝耳に水の話であった。相談者は以前，商工会の役員まで務めており，資産家としても有名であったため，驚いたとのことである。

(2) 商工会からの依頼

　そこで，商工会から筆者に相談が来たのである。商工会の経営指導員がヒアリングを行ったところ資金繰りはかなり困窮しており，金融機関への元本返済は止めているものの，取引先への買掛金や公共料金の支払いまで窮しており，至急相談に乗ってほしいとのことであった。

　スケジュールを調整し連絡を受けてから3日後の夜に，相談者宅を訪問した。最寄り駅で商工会の経営指導員と待ち合わせをし，車で相談者宅まで向かう途中，追加のヒアリング情報を聞いたところ，相談者はかなりのワンマンであり，事業の内容に関する詳しいことは，娘夫婦には最近まで伝えておらず，親子の仲は大変険悪であるとのことである。

(3) 相談者からのヒアリング

　駅から車に乗り50分ほどで相談者宅に着き，店前の駐車場に車を止めて，1階の店舗を通って2階の広間へ上がっていった。店舗は昔ながらの食料品店であり，コンビニエンスストアの進出はかなりの脅威であると感じた。

　2階に上がると，娘婿が出迎えてくれた。年齢は40歳代で，体格のよい，人当たりのよさそうな方であった。広間に通されると，中央に大きな座敷机があり，そこには相談者とその妻，娘が険しい表情で座っていた。商工会の経営指導員の紹介で相談者と名刺を交換したが，その名刺は汚れていて，そこからも困窮度が伝わってきた。

　重苦しい雰囲気のなか，はじめに直近3ヵ年の確定申告書と登記簿謄本，固定資産評価証明を拝見した。そして，指導員から今回の相談に至った経緯の説明を受け，その後，相談者からこれまでの事業の経緯について，話を聞いた。相談者は，最初は暗い表情であったが，昔の話となると表情を一変させ，目には精気が戻り，弁舌かろやかに，当家がいかにこれまで隆盛をきわめたかの話をした。しかし，肝心の窮境原因については，外部環境の変化が原因であり，自責ではなく他責であると話した。その間，同席している家族は誰も口を挟まず，ただ無言で相談者の話を聞いていた。

次に，筆者が，今後どうされたいのか？　と質問をした。すると，相談者は，不動産を売却し，資金をつくり，何とか事業を継続したいことを告げた。しかしながら，登記簿謄本によると，売却可能な固定資産はすべて金融機関の担保となっており，かつ，地域的にも担保余剰はまったく見込めない。筆者は，相談者が何を根拠にそのような話をするのかわからなかった。まるで，何か隠し資産でもあるのかと思えるぐらい力の入った説明であった。
　突然，それまで口をつぐんでいた娘婿が，ついに我慢できずに，「いい加減にしてください。もう，うちには売れるものなんか何もないんですから！」と，急に鬼のような形相で大声を出した。これには相談者だけでなく，全員がびっくりした。
　しかし，それでも相談者は，「信金の支店長がそう言っていたから‥‥」などと，根拠のない話を繰り返していた。

(4)　実際のところは‥‥

　次に，娘婿から事業について，これまでの経緯と現状のビジネスモデルの説明を受けた。彼は隣の県の出身であり，現在も母親がその地で暮らしているという。彼は学校を出た後は，地元のカーディーラーに就職し，営業マンとして結婚するまで働いてきたが，結婚を機に妻（相談者の娘）の実家であるこの酒屋に婿養子にきた。当時は，彼が養子に入ろうと決心するほど繁盛していたのだ。
　婿養子に入ってからは，旅館および飲食店への配達を担当し業績が低迷し始めたころからは，利き酒師やワインソムリエなどの資格を取得し，何とか業績の回復に貢献してきた。酒屋の跡取り娘である妻は，地元で公務員として働いている。子どもは，大学生，高校生，中学生の3人である。
　本題に戻すと，これまでの大きな収益源は近隣の旅館や飲食店に納めるアルコール類であったが，バブル期を頂点に消費税導入や道路交通法の改正による規制強化，リーマンショック，消防法改正，大震災の影響など旅館のみならず，観光業をとりまく環境は悪化の一途をたどってきた。それに加え，商圏内

にコンビニエンスストアや酒の安売り店が出店したため，酒の卸売りだけでなく，店の売上にまで大きな影響を及ぼしてきた。

(5) どう判断するか

① 人件費を減らすために

以上のことから，業績を回復させることは難しい状況であるが，収支を回復させる手段はまだある。そのためには，「入りを計りて出るを制す」しかないと感じた。では，収入に見合った支出にするには，どうしたらよいのか？

まずは，一番大きな支出である人件費を減らすのがよい。つまり，娘婿が辞め，他社に勤めて外貨を稼ぐことである。そうなると，当店の配達業務はかなり縮小されることになる。

② 元本返済と利払いをどうするか

次に，金融機関への元本返済と利払いである。元本は止めたとしても利払いは止められないが，すべてが保証協会扱いの融資であるため，代位弁済に進み保証協会との交渉で資金支出を抑えられる可能性がある。だが，相談者の妻も娘も連帯保証人となっているため，妻の年金は大丈夫だとしても，娘の給料は差し押さえられるリスクがある。仮にこの2つの手段で収支がトントンになったとしても，事業を続けていけば，さまざまな支払いが生じるため，代位弁済に進むかどうかの精緻な検証が必要となる。つまり，娘夫妻の収入を投入してまで事業を継続させるべきか——冷静な判断が必要となる。

代位弁済は，業績の回復や売却の見込みのある不動産がある場合は有効であるが，相談者にもしものことがあった場合は，相続放棄を選択せざるをえない。延命措置であり，抜本的な解決策ではない。

③ 簿外債務の確認

最後に，簿外債務の確認である。商工会の経営安定相談だけではなく，事業再生の相談時に確認を怠りやすいのが，簿外債務である。簿外債務とは，決算

書に載っていないいわゆる隠れ債務のことである。ノンバンクからの借り入れなど，金融機関に知られるとまずい債務や粉飾決算の際に帳簿から外す債務のことであり，脱税の逆であるが，不思議なことに税務調査の際，これに関してはお咎めがないのである。

また，特に見落としがちなのが連帯保証債務であるが，心配したとおり相談者も近くの旅館の連帯保証人となっていることが判明した。このことに関しては，この時まで本人以外は誰もご存知なく，いろんな角度から質問を繰り返した結果，やっと相談者が「そういえば，○○旅館の社長から頼まれて‥‥」といった時には，全員からため息が漏れた。しかも，この旅館も業績が厳しく，そろそろマズイという話となっている。

(6) 判断結果と今後の流れ

以上のことから，相談者とその家族のとるべき方針が明確となった。私は，早期に自己破産すべきであるとの判断を下した。これから，弁護士に委任するまでにやらなければならない前さばきがいろいろとある。

◆ **弁護士に委任するまでの前さばきの流れ**
① 本人はもとより，家族全員の破産に対する正しい知識と理解
② 債務および連帯保証人の確認
③ 精緻な資金繰り表の作成
④ Xデーの候補日の設定
⑤ Xデーまでのスケジュール立案
⑥ 弁護士の選定と打ち合わせ
⑦ 弁護士との打ち合わせ
⑧ 申立て弁護士費用と裁判所への予納金準備
⑨ 申立て弁護士と委任契約
⑨ 破産開始決定後のフォロー
⑩ 免責後のフォロー

(7) よくある話

　また，今回のケースは自宅だけは残したいという強い希望であった。しかし，この希望は中小企業の再生においてはよく聞く話であり，ほとんどの事業主，特に事業主の妻から，「この歳になって住むところまで取り上げられてはやっていけない。せめて，自宅だけでも残してほしい‥‥」といわれる。しかし，現実は，真っ先に自宅を手放すことが，再生には必要なのである。

　自宅を残す手段としては，今回のケースでは，任意売却か競売後の落札しかない。時間的な問題や地域性を考慮した結果，任意売却ではなく破産後に落札したほうがよいと判断した。もちろん，両方ともメリット・デメリットはあるが，今回の場合，親戚が任意売却に協力してくれるとしても，担保権者との交渉がスムーズにいくとは限らない。さらに，時間的に長引いたり，破産に進むのではと警戒されては，うまくない。また，必ず親戚が落札できるとの確証はないものの，地域性や地価を考えると，第三者が入札する可能性はきわめて低いため，競売での落札を選択した。

　さらに，子どもがいる場合は，年齢にもよるが，Ｘデーの選定にあたり，長期の休み中や新学期の前など，時期を配慮することもあるが，今回は子どもの年齢が大学生・高校生・中学生と比較的高いことと，両親が直接破産するのではないため，しっかりと説明し，理解をえることが大切である。

　だが，彼らの両親もふくめて，一家は仕事をなくすことになる。彼らを含めた家族7人が祖父母の年金だけで食べていくわけにはいかない。娘婿の就職が一番の課題であった。

　このことは娘婿も覚悟していたらしく，相談初日の帰り際に，「先生，何でもしますから，仕事ないでしょうか？」と，彼のほうから相談を持ちかけてきた。就職に有利な資格を有しているわけでもなく，かつ40代後半‥‥。長年，家業を手伝ってきたというキャリアでは，就労は厳しいと思われた。だが，娘婿が破産するわけではないので，持ち帰って仕事先を探すこととした。

(8) 最後の役割

　翌週，相談者宅を訪問し，宿題としていた債務および連帯保証人の確認，精緻な資金繰り表作成，Xデーの候補日仮決め，申立て弁護士候補の選定を行うとともに，事前にピックアップしておいた就職先についての説明を行った。

　だが，この時も事件が起こる。前回と同じく2階の広間に通されたのだが，なかなか相談者が来ない。しびれを切らせて娘婿が呼びに行くと，しぶしぶと部屋に入ってきた。そして，不動産を売却して資金を調達し，事業を継続したいと言い出した。そのため，私はもう一度，前回話したことを順序立てて話したが，相談者は，また景気がよくなれば何とかなる，今を凌ぐ金さえあればよい，といってきかなかった。この時はさすがに，婿さんだけでなく，相談者の妻も娘も，厳しい口調で相談者を責めた。

　しかし，事業主の意志が一番大切である。そのため，さらに時間をかけて今回の判断に至った経緯の説明を行った。そして，やっと，相談者に理解してもらうことができた。

　後日，弁護士を交えて打ち合わせを行った。これより先の記述は差し控えたいと思う。ただ，一点申し添えると，娘婿の就職先は，自宅から通う場所では探せなかったが，娘婿の実家から通えるところで，わりとよい条件で勤めることができた。

(9) 娘さんからの手紙

　その後，相談者の娘さんからお手紙を頂戴した。あの時は辛い決断であったが，今は家族全員で力を合わせてがんばっており，前に向かって進んでいけることに感謝している。そんな，嬉しいお手紙であった。破産は人生の終わりではなく，これまでの人生を反省し，もう一度やり直すための最終手段であると筆者は思う。

　以下に，その手紙を紹介する。

　　たいへん御無沙汰致しております。

昨年，○○市商工会からのご紹介で閉店にあたってご相談させて頂き，お世話になりました。○○○，○○の△△△△です。
　昨年五月の初めに自己破産の申し立てをし，母，私，そして九月で父も免責をもらうことが出来ました。
　自宅の方も親戚のお陰でそのまま住むことが可能となり，両親も落ち着いて生活できております。私も地元で就職することができましたので，こちらで私，中三の二女で暮らしております。
　主人は○○の母の所に住まわせてもらいながら五島先生に紹介して頂いた△△△で働かせていただいております。
　大学生の長男，専門学校に通う長女，そして二女が自立するまで，親として頑張って乗り越えていこうと一生懸命です。
　たくさんの反省と感謝と，そして今，家族皆で頑張ろうと思えるようになりましたことは，私たちにとっては大変な出来事でしたが，越えなければならないことであったのだと思います。
　先生に決断を助けて頂き，今，前を向いていけることに，本当に感謝しております。
　また，主人の仕事のことも，大変お世話になり，本当に有難うございました。
　五島先生の益々のご活躍をお祈り申し上げます。
　私たちも頑張ります！

付属資料

MMMメソッドのツール集

本文中に掲載できなかったMMMメソッドのツールの一部を紹介する。紙幅の都合上，図表2-4（p.43）と図表2-9（p.50）の要素整備度評価（事業性評価）に関係するもののみを選んだ。また，編著者が使っている「ツール番号」を優先したため，番号が飛んでいることをお許し願いたい。

ツール23　組織のスラブ化解消ツール

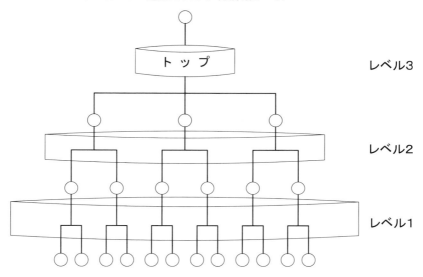

組織の階層化が進むと、組織の上下の意思疎通を阻害する要因になることをスラブ化現象という。

- 上層と下層の間がスラブ（床）となる現象のこと
- スラブは図のように階層レベル間の横割のことで
- ボトムアップにおいてレベル1ではレベル2を切り離し、レベル2はレベル3を切り離す現象のこと
- トップダウンの命令では存在しない
- よって、時としてボトムアップ企業であってもトップダウン方式でスラブ化を防ぐことが肝要となる。

ツール24　組織のサイロ化解消ツール

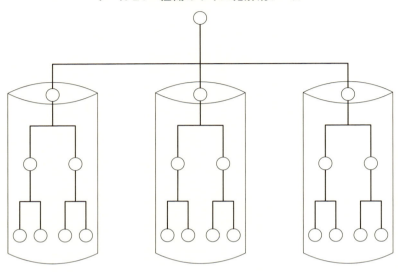

組織が縦割になっていて、他との連携を持たず、自己中心的で孤立していることをサイロ化現象という。

　サイロは通常調達・生産・技術・物流・販売などの機能別縦割になっている場合に生じる。
　ストリンガー氏がソニーのCEOに就任したときの会見で、「組織がサイロになっている」とコメントしたことでもよく知られている。
　これを防止するためには委員会組織、マトリックス組織、CFT（クロスファンクションチーム）、プロジェクト組織等を活用することによって、サイロに風穴をあけることが出来る。

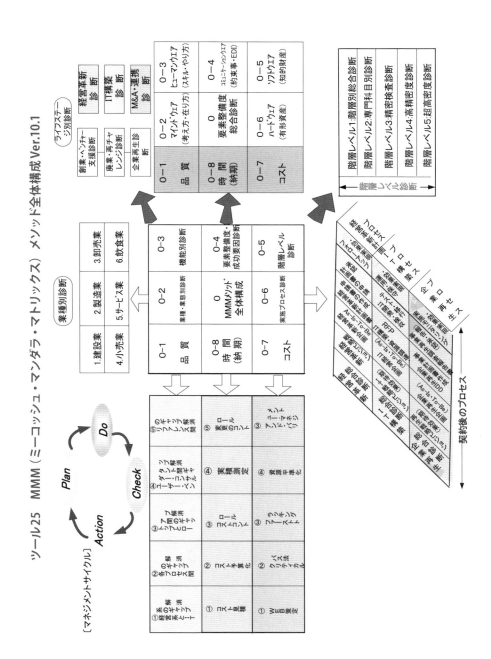

ツール25　MMM（ミーコッシュ・マンダラ・マトリックス）メソッド全体構成 Ver.10.1

付属資料　MMMメソッドのツール集

ツール28① PEST分析ツール
①PEST（外部環境要因）分析

環境要因	内容
政治的環境要因 （Politics）	税制や会社法などの企業経営全般に対する法制度変化、特定事業規正法など特定業界・業種に限定される法令の変化、国内外からの圧力による規制緩和やセーフガード発令など
経済的環境要因 （Economic）	マクロ経済の変化。GDP年間成長率の経年変化や公定歩合推移、地価動向など全業種に影響を与えるものと、消費者物価指数、民間設備投資動向、人口動態変化など業界ごとに特に重要な要因の双方に注意
社会的環境要因 （Social）	人口構成の変化、ライフスタイルの変化や流行、環境指向などの社会ムーブメントなど、その業種・業界に関連が深い社会的なトレンド傾向や状況を検討
技術的環境要因 （Technology）	ITの進展や新たな基盤技術の開発、生産管理技術や販売管理面での技術的な進展など、業種・業界全体に影響を与えると思われる技術面での革新状況を検討（新製品や代替品のようなミクロの変化ではない）

出所：株式会社KPMG FAS編『戦略的デューデリジェンスの実務』中央経済社、p.108

【ポイント】

経営革新、ＩＴ構築戦略、企業再生等においては、外部環境の影響を受ける。その場合の視点としてＰＥＳＴ分析によって分析する方法がある。

ツール28 ② STEEP分析ツール

①STEEP(外部環境要因)分析

環境要因	内容
社会的環境要因 (Social)	人口構成の変化、ライフスタイルの変化や流行、環境指向などの社会ムーブメントなど、その業種・業界に関連が深い社会的なトレンド傾向や状況を検討
技術的環境要因 (Technology)	ITの進展や新たな基盤技術の開発、生産管理技術や販売管理面での技術的な進展など、業種・業界全体に影響を与えると思われる技術面での革新状況を検討(新製品や代替品のようなミクロの変化ではない)
経済的環境要因 (Economic)	マクロ経済の変化。GDP年間成長率の経年変化や公定歩合推移、地価動向など全業種に影響を与えるものと、消費者物価指数、民間設備投資動向、人口動態変化など業界ごとに特に重要な要因の双方に注意
生態的環境要因 (Ecological)	外部環境を見る場合、人間社会のみを見るのではなく、人間外の生物と環境の間の相互作用から環境を考察する必要が出て来た
政治的環境要因 (Politics)	税制や会社法などの企業経営全般に対する法制度変化、特定事業規正法など特定業界・業種に限定される法令の変化、国内外からの圧力による規制緩和やセーフガード発令など

出所：株式会社KPMG FAS編『戦略的デューデリジェンスの実務』中央経済社、p.108を加筆修正

【ポイント】

経営革新、ＩＴ構築戦略、企業再生等においては、外部環境の影響を受ける。その場合の視点としてＳＴＥＥＰ分析によって分析する方法がある。

ツール29　再編の場合の業界関係分析ツール

業界関係分析

		対象事業	
		親密的	敵対的
対象会社	親密的	①再編の成功率高い	②人的交流を先にやる
対象会社	敵対的	③段階的に進める	④再編による成功率低い

　外部環境分析を行う場合、対象会社の視点から、親密的か敵対的かによって異なってくる。対象事業として、親密的か敵対的かによって、マトリックス状に図表化したものがツール29である。

　これはM＆A等をやる場合にこれを使うと分かり易い。①の座標軸の場合、再編の成功率は高い。②の場合は人的交流を先にやる。③の場合は段階的に進める。④の場合は再編による成功率は低いのでやめた方がよい。

ツール30　ファイブフォース分析ツール

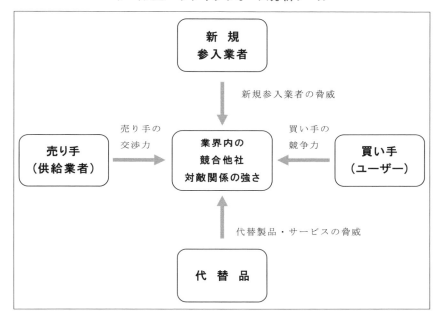

診断ポイント
　　イ.「供給企業の交渉力」と当該企業との力関係
　　ロ.「買い手の交渉力」と当該企業との力関係
　　ハ.「競争企業間の敵対関係」（三つの内的要因）
　　ニ.「新規参入業者の脅威」
　　ホ.「代替品の脅威」（二つの外的要因）
　　　　①代替製品としての脅威
　　　　②代替サービスとしての脅威

出所：M・E・ポーター『競争の戦略』ダイヤモンド社、1982年

ツール34　ビジネスモデル分析ツール
ソニーの3つのサプライチェーンモデル

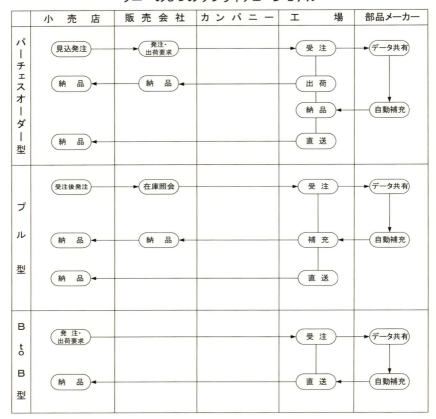

　一般的には、消費者と企業間の連絡手段としてインターネットなどの新たな情報技術を活用し、製品やサービスの選択と購買（調達）、決済、配送（物流）までの一連の商行為を整理しシステム化することで、これら新規性のある事業形態の全般を指す。他社による同様の事業を禁じて独占を図る目的で特許とする「ビジネスモデル特許」が紹介されたことでいっそう注目を浴び定着した。原義は仮説を立て検証する意味から発生した語で、循環する人の和・共感を包括した社会科学的貢献システムを示していたが、現在は利益追求の意味合いが強い。戦略・収益・SCM(サプライチェーンマネジメント)など、製品・サービス・資金の経路を設定するビジネス構築も含まれる。(ウィキペディア)

　英語では"business method"と呼ばれ、日本では"business model"と呼んでいる。

ツール38　ミーコッシュ要素整備度評価ツール
スタンダード版のITミーコッシュ分析成熟度評価チャート

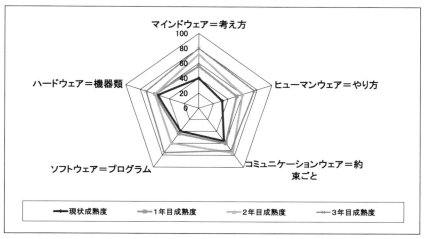

評価項目	現状成熟度	1年目成熟度	2年目成熟度	3年目成熟度	主要革命テーマ
1 マインドウェア＝考え方	40.0	56.0	72.0	80.0	今までの考え方を白紙に戻して→体質そのものを変える
2 ヒューマンウェア＝やり方	32.0	52.0	60.0	76.0	つぎはぎ改善ではダメ→抜本的なリデザイン
3 コミュニケーションウェア＝約束	56.0	60.0	76.0	72.0	今までの馴れ合い取引ではダメ→抜本的なルールの見直し
4 ソフトウェア＝プログラム	40.0	44.0	60.0	76.0	現状業務追随型ではダメ→ソフトウェアを戦略化すべき
5 ハードウェア＝機器類	56.0	60.0	60.0	72.0	現状業務追随型ではダメ→ハードウェアを戦略化すべき
合　計	224.0	272.0	328.0	376.0	
成熟度向上値	－	48.0	104.0	152.0	

©2013 Management Consultants Group.Co　All rights reserved
（注）この手法を許可なく、第三者に対する診断に使用することは著作権侵害になります。

ツール39　期待効果予測ツール
（ミーコッシュ成熟度分析／革新テーマ）

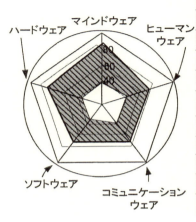

成熟度	現状	目標	主要革命テーマ
MW	38	84	今までの考え方を白紙に戻して⇒体質そのものを変える
HW	46	72	ツギハギ改善ではダメ⇒抜本的なリデザイン
CW	48	72	今までのなれ合い取引ではダメ⇒ルールの抜本的な見直し
SW	44	72	現状業務追随型ではダメ⇒ソフトウェアを戦略化すべき
HW	40	80	現状業務追随型ではダメ⇒ハードウェアを戦略化すべき
合計	216	384	＋168
業種	1.建設業　2.製造業　3.卸売業　4.小売業　5.飲食業　6.旅館業　7.洗濯業		
状況選択	1.黒字企業　　2.赤字企業　　3.再生企業		
現状売上	180,000万円	現状経常	12,493万円(6.9%)
改新売上	500,000万円	革新経常	44,200万円(8.8%)

（経営革新のステップと期待効果：ＫＰＩ：11,767万円）

項目／ステップ	経営革新の内容	実施期間	現状コスト	再生後コスト	期待効果	投資金額
第一ステップ	マテハンの改善による期待効果	10.7～11.6	729.6万円	0円	729.6万円	
第二ステップ	物流業務・システム革新による期待効果	10.7～11.6	5841.7万円	2346.8万円	3,494.9万円	
第三ステップ	購買・製造・在庫管理システム革新による期待効果	10.7～11.6	5,161.2万円	1,093.2万円	4,068万円	
第四ステップ	製品・製造資材・原料調達による改善効果	11.1～11.12	3,097.7万円	0	3,097.7万円	
第五ステップ	受注入力、納品書作成、請求書発行に関する改善効果	10.7～11.6	566.1万円	189.3万円	376.8万円	
合計			15,396.3万円	3,629.3万円	11,767万円	

ツール40 期待効果算出根拠用紙

物流業務革新によるIT投資期待効果 (Ver.5.0)

		資 料	現 状 コ ス ト（月間）		革 新 コ ス ト（月間）	
1		倉 庫 保 管 料	900円(人庫450+出庫450)×5パレット 200P/T	180,000	倉庫保管の必要がなくなる。	0円
2		倉 庫 の 積 み 降 ろ し 費 用	県外10,000 c/s×80%(物流会社払い)×11	88,000	コンテナ毎で直接港に行く為コストが発生しない。	0円
3		荷 物 の 積 み 降 ろ し 中 の 破 損（0.2％）	10,000c/s×0.2%×@1,000×12本	240,000	パレットによる移動の為破損しない。	0円
4		港におけるコンテナ積込作業コスト	10,000c/s×@10 (月平均)	100,000	コンテナ積込みになっている為に手作業が発生しない	0円
			小 計（月）	608,000	小 計（月）	0円
			計（年）	7,296,000	計（年）	0円
		年間マテハンの革新期待効果		**7,296,000 円**		
内	1	a. 商品が不足(受注親)の時の問い合せ	アイテマイナーエーヰ＝a	1,129,476		54,132円
		ア. 各種問い合せに対して明確な返答が即時できない	91分×5件×16.6円(1分当り人件費)×25日=188,825			0円
		イ. 工場での受注残がわからない為に製造変更が発生	3,210分×3件(6月間)×16.6円=159,858		3,161分×1分16.6日=52,472円	
		ウ. 工場での受注残が見えない為に、販売チャンスロスが発生	18億円×1%(想定)×12×50%=750,000			0円
		エ. 受注数管理の手集計・手作業による人件費(各部所)	1日57分×25日×16.6円=23,655円			0円
		オ. 納期遅れ等の問い合せに対する各関連部門の事務作業の増大	43分×16.6円×10件=7,138円		20分×16.6円×5件=1,660円	
		b. 破損遅定に対する問い合せ	1人×1H×1件×1,000円×25日	25,000		0円
		c. 破損に対する問い合せ	1H×1,000円×10件	10,000		0円
		d. ゆうパック問い合せ	1,000×16分×60分=267円 267円×5回(月)+通話料200	1,535	1,000円×16分÷60分=267円 267円×5回(月)+通話料 200	1,535円
外	2	出荷指示書・受注書納品予告コスト（人件費・FAX費用）	人件費=20件×1,000円×3H×25日=1,505,000 通信費=20件×10円×25日=10,000	1,505,000	コンピュータによる自動伝送	0円
	3	送 り 状 の 未 回 収 に よ る 請 求 不 能 額	150,000/2年×24ヶ月×3倍	9,375	送り状を回収した分に対して配送料を支払う仕組みに変更して解消	0円
	4	仕入先出荷データを買掛データに自動転記作成のため、物流段階のトラブルで商品未着の場合に過剰請求された	(2年に1回)8,000,000×1/100×1/2年÷12ヶ月×3倍	10,000	コンピュータによる自動集計により、営業人件費は0になる。	0円
	5	新瓶納入車輌の帰り便の利用による物流コストの削減	10,000ケース×360円=3,600,000	3,600,000	10,000ケース×190円=1,900,000	1,900,000円
			小 計（月）	6,290,386	小 計（月）	1,955,667円
			計（年）	75,484,632	計（年）	23,468,004円
		年間物流業務・システム革新期待効果		**52,016,628 円**		

ツール42　私的整理ガイドラインによる企業再生

私的整理ガイドラインとは、平成13年4月「緊急経済対策」を受けて採択されたもので、法的手続きを使わず、私的整理で会社を再生させる手法である。

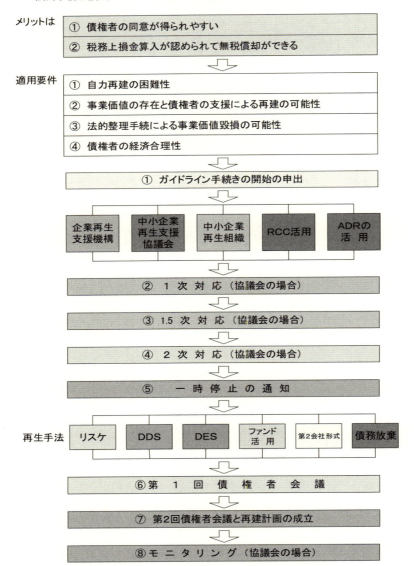

ツール82　コアコンピタンス

コアコンピタンス（核となる能力）：競合他社に真似のできない核となる能力のことを指す。
顧客に特定の利益をもたらす技術、スキル、ノウハウの集合体
提唱：ゲイリー・ハメルとCKプラハラード（1990年）

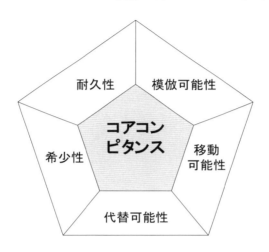

コアコンピタンスの見極める場合
①模倣可能生(Imitability)
②移動可能性(Transferbility)
③代替可能性(Substitability)
④稀少性(Scarcity)
⑤耐久性(Durability)

の5つの点について考える必要がある。どの要素が有効かは、市場環境や競争環境によって異なり、また一旦築いた競争優位も、市場環境の変化とともに、陳腐化する恐れがあるため、継続的な投資やコア・コンピタンスの再定義、新たな能力などの努力が必要となる。

出所：MBA用語

ツール94　情報技術活用のためのアーキテクチャー（情報システムのパラダイムシフト）

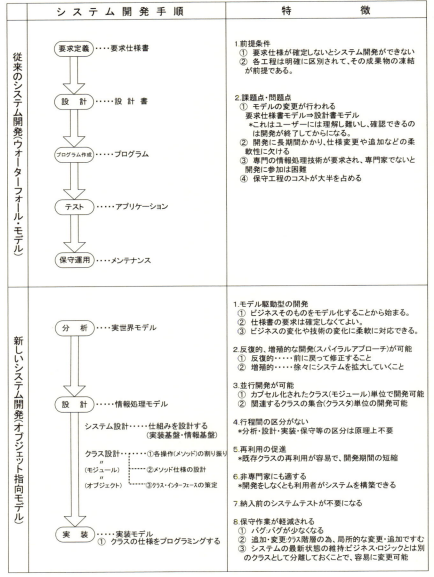

	システム開発手順	特徴
従来のシステム開発（ウォーターフォール・モデル）	要求定義‥‥‥要求仕様書 ↓ 設計‥‥‥設計書 ↓ プログラム作成‥‥‥プログラム ↓ テスト‥‥‥アプリケーション ↓ 保守運用‥‥‥メンテナンス	1.前提条件 　① 要求仕様が確定しないとシステム開発ができない 　② 各工程は明確に区別されて、その成果物の凍結が前提である。 2.課題点・問題点 　① モデルの変更が行われる 　　要求仕様書モデル⇒設計書モデル 　　＊これはユーザーには理解し難いし、確認できるのは開発が終了してからになる。 　② 開発に長期間かかり、仕様変更や追加などの柔軟性に欠ける 　③ 専門の情報処理技術が要求され、専門家でないと開発に参加は困難 　④ 保守工程のコストが大半を占める
新しいシステム開発（オブジェット指向モデル）	分析‥‥‥実世界モデル ↓ 設計‥‥‥情報処理モデル 　システム設計‥‥‥仕組みを設計する 　　　　　　　　（実装基盤・情報基盤） 　クラス設計‥‥‥①各操作(メソッド)の割り振り 　（モジュール）　②メソッド仕様の設計 　（オブジェクト）③クラス・インターフェースの策定 ↓ 実装‥‥‥実装モデル 　① クラスの仕様をプログラミングする	1.モデル駆動型の開発 　① ビジネスそのものをモデル化することから始まる。 　② 仕様書の要求は確定しなくてよい。 　③ ビジネスの変化や技術の変化に柔軟に対応できる。 2.反復的、増殖的な開発（スパイラルアプローチ）が可能 　① 反復的‥‥‥前に戻って修正すること 　② 増殖的‥‥‥徐々にシステムを拡大していくこと 3.並行開発が可能 　① カプセル化されたクラス(モジュール)単位で開発可能 　② 関連するクラスの集合(クラスタ)単位の開発可能 4.行間間の区分がない 　＊分析・設計・実装・保守の区分は原理上不要 5.再利用の促進 　＊既存クラスの再利用が容易で、開発期間の短縮 6.非専門家にも適する 　＊開発をしなくとも利用者がシステムを構築できる 7.納入前のシステムテストが不要になる 8.保守作業が軽減される 　① バグ:バグが少なくなる 　② 追加・変更:クラス階層の為、局所的な変更・追加ですむ 　③ システムの最新状態の維持:ビジネス・ロジックとは別のクラスとして分離しておくことで、容易に変更可能

出所：手島歩三他著『情報システムのパラダイム・シフト』オーム社、を参考に作成

ツール120　メラビアンの法則

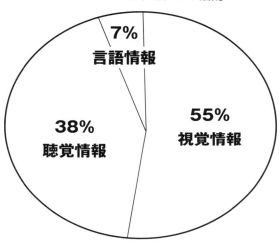

研究内容

　この研究は好意・反感などの態度や感情のコミュニケーションについてを扱う実験である。感情や態度について矛盾したメッセージが発せられたときの人の受けとめ方について、人の行動が他人にどのように影響を及ぼすかというと、話の内容などの言語情報が7％、口調や話の早さなどの聴覚情報が38％、見た目などの視覚情報が55％の割合であった。この割合から「7－38－55のルール」とも言われる。「言語情報＝Verbal」「聴覚情報＝Vocal」「視覚情報＝Visual」の頭文字を取って「3Vの法則」ともいわれている。

俗流解釈

　この内容が次第に一人歩きをし、この法則から「見た目が一番重要」あるいは「話の内容よりも喋り方のテクニックが重要」という結論が導き出されると言う解釈が有名になっている。就職活動の面接対策セミナー、営業セミナー、自己啓発書、話し方教室などでこの解釈がよく用いられる。

　ただし、この実験は「好意・反感などの態度や感情のコミュニケーション」において「メッセージの送り手がどちらとも取れるメッセージを送った」場合、「メッセージの受け手が声の調子や身体言語といったものを重視する」という事を言っているに過ぎない。

　よって単に事実のみを伝えたり要望をしたりするコミュニケーションの場合には触れておらず、コミュニケーション全般においてこの法則が適用されると言う解釈はメラビアン本人が提唱したものとは異なるもの（通俗心理学）である。

ツール121　組織構造

ライン組織

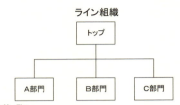

≪特　徴≫
① トップの指揮命令によって動く組織のこと。
② トップに権限が集中
③ トップが直接指示、命令を下す。

ライン・アンド・スタッフ組織

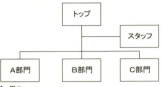

≪特　徴≫
① ライン組織にトップの情報処理機能を助けるためのスタッフ部門を設けた組織
② スタッフは経営企画・人事・法務・広報・情報等からなる

プロダクト・マネージャー組織

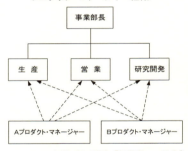

≪特徴≫
①組織の壁を越えた調整軸を入れている
②組織の中の情報が流れるようにする
③組織メンバー間のコミュニケーションの活発化
④組織の知創造を高めることが課題

出所：坂下昭宣『経営学への招待』

マトリックス組織

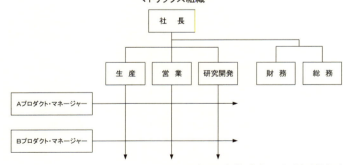

出所：坂下昭宣『経営学への招待』白桃書房

≪特　徴≫
①事業部制の縦割組織の欠点を補う
②事業部軸は強くなるが、スタッフ軸は弱くなる
欠点
①命令系統が2つになる為、パワー関係やコミュニケーションラインが複雑になる。

ツール122　組織デザイン

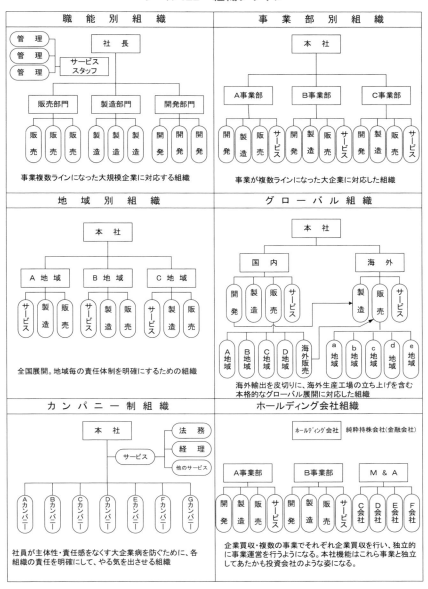

ツール132　ITミーコッシュ革新（STEP3.KPI）

①	経営目標（KGI）	
②	社長の思い入れ	
③	新戦略	
④	最たる強み	

【マネジメント要件】	【　具　体　策　】
考え方革新 （経営基本・戦略ビジョン革新）	
仕組み革新 （BPR・情報活用革新）	
約束ごと革新 （EDI・ネットワーク革新）	
ソフトウェア革新 （プログラム革新）	
ハードウェア革新 （機器革新）	

Ⓒ2011 Management Consultants Group.Co　All rights reserved
（注）この手法を許可なく、第三者に対する診断に使用することは著作権侵害になります。

ツール142　リーダーシップとマネジメント力

「マネジメント」定義の変遷

年　代	マ　ネ　ジ　メ　ン　ト　の　概　念
〜1940年	マネジメントとは研究対象としても体系としても無かった。 （本社の最上階に大きな個室をもつ人たち）
1945年	マネジメントとは「地位と権力を持つ者」 （マネジメントとは部下を持つ者）
1946年	マネジメントとは「部下の働きに責任を持つ者」 （マネジメントをリーダーと見る）
1954年〜	マネジメントとは「知識を行動に具体化することに責任を持つ者」 （マネジメントをリーダーと見る）
2000年	マネジメントとは「情報を知識に転換し、その知識を行動に具体化する者」 （チェンジ・リーダーの必要性）

　　名医の条件：技能があっても知識のない医者は危険である。
　　　　　　　逆に、知識があっても技能のない医者は役に立たない。

1．チェンジ・リーダーとは
　急激な変化の時代にあっては、生き残るのは、自ら変革の担い手チェンジ・リーダーとなる者だけである。
　従って、このチェンジ・リーダーとなことが、あらゆる組織にとって、21世紀の中心的な課題となる。
　チェンジ・リーダーとは、変化を機会としてとらえる者のことである。変化を求め、機会とすべき変化を識別し、それらの変化を意味あるものとする者である。

出所：P・F・ドラッカー『チェンジ・リーダーの条件』ダイヤモンド社

ツール144　マネジメント力

●企業再生トップに近づくためのチェックポイント20（日産自動車）

分析力・着想力	① 変革の重点や道筋を考え、問題意識や経験に照らして確信と情熱が持てるか	
	② 従業員が具体性を感じるような言葉でビジョンを伝えられるか	
	③ 資本調達コストや与信管理のあるべき姿についても議論できる理解力があるか	
	④ 財務力や事業規模の身の丈に見合った事業構造や取引先の選択と集中を判断できるか	
情報収集力・観察力	⑤ 20～30代社員と率直に話し合える機会作りに向け活発に動き回っているか	
	⑥ たまには、あえてトップらしくない行動を見せて社員に「話しやすい人」という驚きを与えられるか	
	⑦ 現場社員の意見をやみくもに肯定・否定しようとせず、まず理解しようと努める対話姿勢を徹底できるか	
	⑧ 事業部門長や管理部門から説明を受けたときに、専門的な内容に理解を諦めて丸投げする姿勢を見せたりはしていないか	
	⑨ 社員からの提案や要望のメールには必ず返事をしているか。個別担当者からの返事が後日返ったかどうか確認できているか	
	⑩ 社内に欠けている知恵やノウハウを意識し、外部からの導入の必要性を判断する力があるか	
	⑪ (小売業の場合)店頭の接客の様子や棚割を見て、(製造業の場合)工場の様子を見て、管理上の問題点を自分で認識できる観察力があるか	
説得力・コーチング力	⑫ 所属部署の数字しか意識していない現場社員にも、会社の危機的な数字を理解させることができるか	
	⑬ 企業の課題を各部門別の目標数値や、シンプルな命令に落とし込むことで、個々の現場の「なすべきこと」を明確にイメージさせることができるか	
	⑭ 対話の場を通じて、面従腹背でない問題意識の高い社員を発掘できるか	
	⑮ ビジネスユニットの長に対してコミットメント文化を浸透させているか	
行動力・決断力	⑯ 個別部署の努力では解決できない組織の壁や業務ルールの問題に対し、新しい仕組みを企画できるか	
	⑰ 改革チームなどを邪魔するといわれるマネジャーを調べ、配置転換する方針を貫けるか	
	⑱ マネジャー層に面従腹背の動きがないかをチェックできるよう現場との率直な対話の機会作りを継続できるか	
	⑲ 取引先との折衝などに、時には自ら乗り込む熱意を持っているか	
	⑳ 改革への熱意を自ら維持し、活発に行動する姿勢を保ち続けられるか	

出所：日経情報ストラテジー　04年4月号

ツール163　IT投資効果事例

No.	企業名	キーワード	IT投資効果
1	鈴廣かまぼこ	真の優良顧客の発見（顧客情報統合による販促）	販促DMで80％の反応率確保
2	JCB	顧客心理特性による解読（嗜好や価値観による分類）	販促効果3〜4倍
3	ファミリーマート	携帯電話で販促キャンペーン（POSレジと携帯電話の組み合わせ）	狙った商品の売上が一位に
4	マルエツ	ICタグで食材情報提供	売り上げ倍増
5	三井住友カード	コールセンターで提案営業	データに基づき提案、成約率50％
6	あいおい損保険	金融業でジャストインタイム	営業問い合せ改革で販売12％増
7	ミレニアムリティリング	統合の相乗効果を生み出す	改装店の売り上げ、前年対比120％
8	松下電器産業	成功例を社内で水平展開	意識改革で在庫3,000億円削減
9	サントリー	需要予測の精度を高める	在庫日数　3割削減
10	アスクル	取引先へ情報開示	欠品率が5分の1
11	グンゼ	TOC（制約条件の理論）手法	BPRで仕掛在庫が5分の1
12	JR貨物	ICタグを物流管理に生かす	GPSと組み合わせて作業率向上
13	ヤマハ発動機	拠点が在庫を本社集約	在庫　4割削減
14	スーパーまるまつ	棚割を取引先に任せる	在庫回転日数　5.5日に
15	アサヒビール	成績上位の行動特性を把握	取扱店率　1割向上
16	日本テレコム	予算管理の補佐役を現場に配備	予算実績の誤差　2〜3％に
17	JTB	IT投資を定量評価	運用費　30億円削減
18	大成建設	マルチベンダー体制を徹底	システム費用を3削減
19	東芝（セミコンダクター社）	情報システムのKPIを設定	在庫を3分の1に削減
20	全日空	低付加価値業務のIT化	150億円増収

出所：日経情報ストラテジー　04年5月号

付属資料　MMMメソッドのツール集

ツール169　業績評価　事業部長・課長・担当者業績給算定マトリックス（Ver.3）

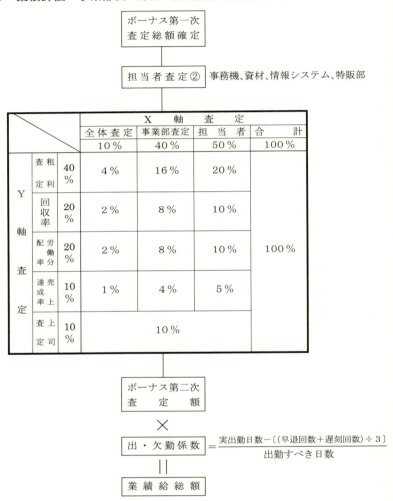

＊服務規定評価を設定する。

ツール193　ティーチングとコーチングの違い

	ティーチング Teaching	コーチング Coaching
目　　　的	正解を教える	自分で解決できるように支援する
解決の主体者	ティーチャー （上　司）	クライアント （部　下）
方　法　論	ティーチャー （上司のやり方）	クライアント(部下)個々のやり方
正解のありどころ	ティーチャー(上司)の中	クライアント(部下)の中
コミュニケーションの方向性	一　方　通　行	双　方　向

・共感とは、相手の関心に感心を持つことである。
・共感とは、「相手の目で見、相手の耳で聞き、相手の心で感じること」である。

出所：岩井俊憲『アドラー心理学によるカウンセリングマインドの育て方』コスモスライブラリー

ツール207 モバイル端末・PCとOSとの関係と主な製品

モバイルデザインサイズ	O/S	Android 1,2,3,4,4.3	iOS iPad	iOS iPhone	Windows Phone 7、7.5、8、1S12T	Windows 8、8.1	ツール
スマートフォン (5インチ～7インチ未満)		Isai2013 冬モデル XPERIAZ1 GALAXYnote3 ソニーXperiaZ1		APPLE iphone5S APPLE iphone5 APPLE iPhone6 ドコモiPhone5C	Windows PhoneAS12T		①レスポンシブデザインのアイディアで画面のサイズや機能を適応可能になる。
中型タブレット (7インチ以上 10インチ未満)		Dell「Venue」8.1 タブレット GALAXY タブレット(7インチ) GALAXY Tab8.9(8.9インチ)	iPad mini(7.9 インチ) iPad 2 (9.7インチ) iPad Retina(9.7インチ)			Dell「Venue」8インチ タブレット	
大型タブレット (10インチ以上)		Asus (18.4インチ) Asus MeMO(10.1インチ) NEC Life Touch L TLX5W/1A(10.1インチ)	Asustek 18.4インチ MacBook Pro-Retina (13インチ)		「パナソニック タブパッド4K」 (20インチ)	Dell「Venue」(11インチ) Surface Pro(10.6インチ) HP ENVYx2(11.6インチ) SurfaceRT(10.6インチ)	
デスクトップパソコン						HPENVYRO Ve 20 (20インチ)	

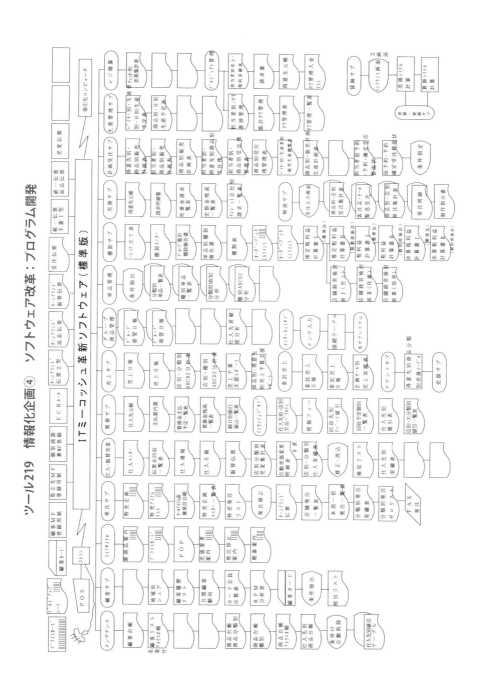

ツール221 システム構成図

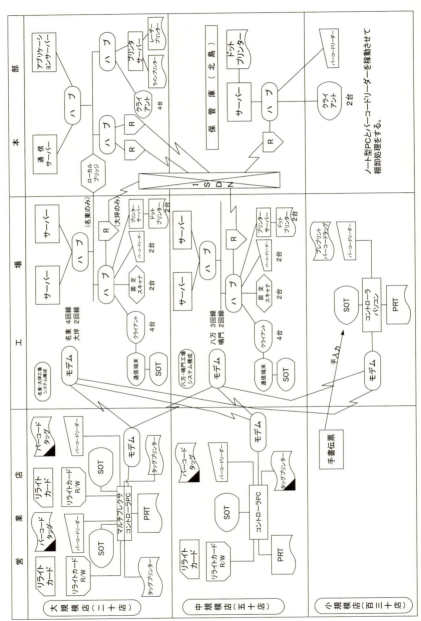

214

ツール226　携帯電話の高速通信規格 Ver.2

通信規格	主な通信速度（最大毎秒）	映画、DVD2時間分のダウンロードにかかる時間	比較	適用企業
3G（第3世代）	384キロビット	約21時間	100	NTTドコモがサービス開始。ドコモでは「Super 3G」と呼んでいる
3G（3.5世代）	14メガビット	約34分	3	2003年KDDIがサービス開始。2007年NTTドコモがサービス開始。
LTE（3.9世代）	100メガビット	約5分	0.4	2010年12月にドコモがサービス開始
LTEアドバンスト 4G（第4世代）	1ギガビット	約30秒	0.04	2015年度中にドコモが商用化する計画
5G（5世代）	10ギガビット	約3秒	0.004	低遅延・多数接続・IOT対応可能。2018年プレ5G 2020年に商用展開予定

（注）総務省・情報通信審議会の資料をもとに作成

第3世代移動通信システムは、国際電気通信連合（ITU）が定める「IMT-2000」規格に準拠通信システムのことである。

第4世代移動通信システムは、IPV6に対処したIP通信になるため、無線LAN、WiMAXやモバイルWiMAX、Bluetoothなど他の様々な無線通信と連携できるようになる。

LTE（Long Term Evolution：長期的進化）は、新たな携帯電話の通信規格である。8内で2009年3月に凍結された。現在は普及しているW-CDMAや、CDMA2000といった第3世代携帯電話（3.9G）とも呼ばれる。しかし、2010年12月6日に国際電気通信連合は、LTE 4Gと呼称することを認可したため、マーケットでは呼称にばらつきが見られる。

第5世代移動通信システム(5G)：LTEと比較して高速・多数接続・低遅延(反応に要する時間)を目指している。IOTへの対応と車や家電との接続が視野に入れられている。

ツール237　企業ドック診断MMMメソッド（Ver.12）

業種・業態別診断

業種・業態別診断	1.建設業	2.製造業	3.運輸業	4.卸売業	5.小売業	6.不動産業	7.サービス業	8.飲食業

MMMメソッド・ライフステージ（機能別）診断

ライフステージ（機能別）診断	1.創業・ベンチャ支援	2.経営革新計画	3.IT構築診断	4.M&A	5.企業再生診断	6.廃業・再チャレンジ診断	7.管理的撤退診断	8.法定整理診断

要素整備度別診断

	成功要因	要素整備度別診断					成功要因	
要素整備度/成功要因診断	1.品質（5つのギャップ）	2.マインドウェア（意識革新・戦略ビジョン・組織・人）	3.ヒューマンウェア（やり方・ノウハウ）	4.コミュニケーションウェア（約束事・EDI）（ミーコッシュ掘搾方式 ドリルダウン）	5.ソフトウェア（知的財産権）	6.ハードウェア（有形資産）	7.コスト（当初実績金額で完成）	8.時間（納期）
要素別・階層別診断　階層レベル1 総合診断（戦略ビジョン・利益向上予測）								
階層レベル2 専門科目診断								
階層レベル3 精密検査診断								
階層レベル4 高精密診断								
階層レベル5 超精密度診断								

業務プロセス

ライフステージ（機能別）・プロセス別診断						
【経営革新プロセス】	経営革新戦略ビジョン期待効果	経営革新経営企画 As-Is・To-Be	経営革新計画書・申請書作成	経営革新計画申請・承認	経営革新フォローアップ効果実現	ミーコッシュ
【IT構築プロセス】	IT構築戦略ビジョン期待効果	IT構築経営企画 As-Is・To-Be	IT構築資源調達 RFP作成	IT構築開発・検収・テスト・移行	IT構築運用・保守・効果実現	ミーコッシュ
【企業再生プロセス】	企業再生戦略ビジョン期待効果	企業再生経営企画 As-Is・To-Be	企業再生DD事業計画作成	企業再生DD事業計画発表・同意	企業再生実施・モニタリング	ミーコッシュ

216

ツール248 現状購買業務（As-Is・BIIモデル）

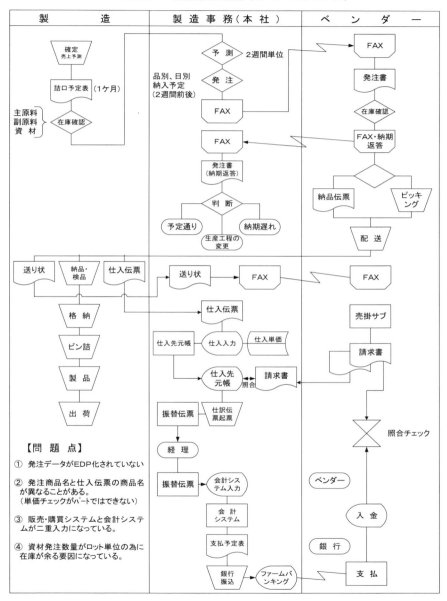

ツール249　革新購買業務（To-Be・BIIモデル）

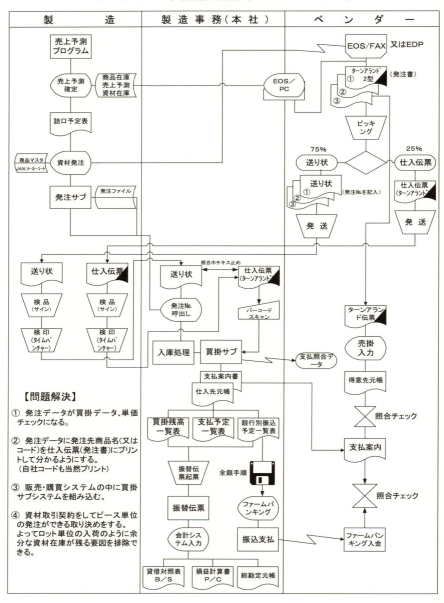

【問題解決】

① 発注データが買掛データ、単価チェックになる。

② 発注データに発注先商品名（又はコード）を仕入伝票（発注書）にプリントして分かるようにする。
（自社コードも当然プリント）

③ 販売・購買システムの中に買掛サブシステムを組み込む。

④ 資材取引契約をしてピース単位の発注ができる取り決めをする。
よってロット単位の入荷のように余分な資材在庫が残る要因を排除できる。

ツール251 革新製品業務（To-Be・BIIモデル）②（CPFR用）

営業	製造課	製品課	ベンダー
問い合せ	問い合せ		EDI 売上予測
販促による発注	資材調達	売上予測 ← 修正	在庫
販売計画	工程管理	製品計画確定	受注数量
	納入	調達管理	製造
	製造	工程管理	ピッキング
		納品	配送
		詰口	配送先

販促データ（売上予測へ）

過去実績 在庫
原料必要量
資材必要量
消耗品必要量
タンクのローテーション

売上予測 在庫／リードタイム 必要発注量
調達日数 熟成時間 ろ過時間 ライン切替時間

【問題解決】
① 本部のコンピュータとの連携により、営業計画数量の統計をとる。
② 販促による発注は、定番発注と区分して発注することにより、製品計画に反映する。

【問題解決】
① 売上予測のプログラムの開発により詰口計画が早く容易になる。
② 予定変更に柔軟に対応できる
　a. 資材消耗品の在庫をコンピュータで行うことにより発注遅れが防止される。
　b. 売上予測が早く正確に行われるので、タンクの回転率を高めることができる。
　c. 作業工程切替時間を予測させることにより最少にできる。

【問題解決】
① 製造課・製品課とのやり取りはコンピュータ入力することによって、データ共有で解決する。
② MRP（資材所要量計画）によって、資材等の欠品を防止する。

【問題解決】
① MRPの売上予測・在庫データをオープンにして欠品をなくす。
② 事前対策的に在庫を保有にして、リードタイムの短縮を図る。

ツール256　現状・原材料調達業務（As-Is・BIIモデル）

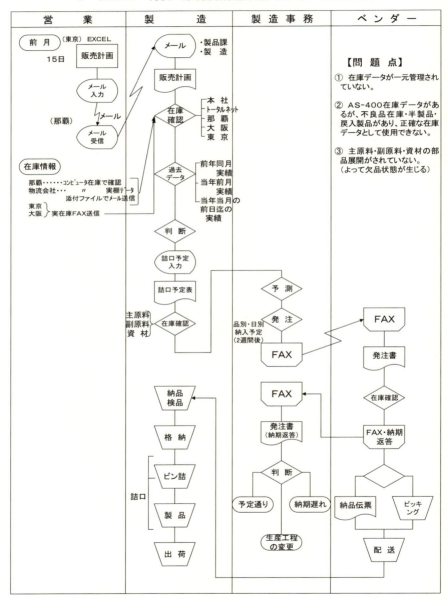

ツール257　革新・原材料調達業務（To-Be・BIIモデル）

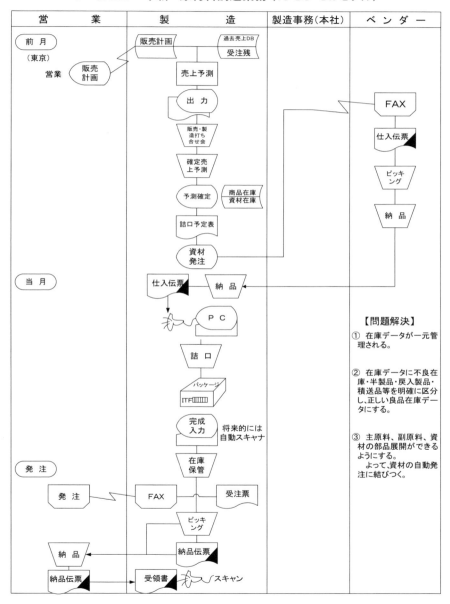

ツール259　伝票区分・相殺区分・税区分と名称の定義

伝票区分	相殺区分	税区分	区分の名称	伝票区分	相殺区分	税区分	区分の名称
100	スペース	課税	仕入	360	CQ	税抜相殺	EDI費用(発注データ・*専用帳票代)
101	A4	課税	仕入訂正	361	CR	税抜相殺	EDI費用(買掛データ)
				362	CS	税抜相殺	EDP費用
200	スペース	課税	返品	370	CV	不課税	リース料等
201	B4	課税	返品訂正	380	CW	不課税	クレーム代金
210	BB	課税	値引	381	CX	税抜相殺	欠品ペナルティ
211	スペース	課税	値引訂正				
221	BE	課税	納品訂正	400	EA	税抜相殺	出店・テナント諸経費
222	スペース	課税	納品訂正の訂正	401	EB	非課税	出店・テナント諸経費
				410	EC	不課税	テナント消費税預り金
300	CA	税抜相殺	売掛相殺	411	EE	不課税	テナント買掛入金等
305	CB	不課税	テナント掛売	420	EF	税抜相殺	出店電話代金
310	CC	税抜相殺	その他(税抜相殺分)	430	EG	税抜相殺	ギフト券回収
315	CE	税抜相殺	原料供給				
320	CF	税抜相殺	リベート	500	スペース	不課税	消費税
321	CG	不課税	リベート				
325	CH	税抜相殺	特別販促費	600	GA	不課税	概算払
330	CI	税抜相殺	広告料	601	GB	不課税	戻入金
340	CJ	税抜相殺	物流費	700	HA	税抜相殺	送金手数料
341	CK	税抜相殺	TC物流機器				
342	CL	税抜相殺	オリコン・カゴ車賃貸料	800	IA	不課税	売上納品違算
343	CM	税抜相殺	委託配送料(*欄外注記)				
				900	JA	税抜相殺	その他(税抜相殺)
350	CN	税抜相殺	文房具代替(ゴム印等)	901	JB	非課税	その他(非課税)
355	CP	税抜相殺	品質管理・検査代金				

ツール272 ウォーターフォール型・アジャイル型開発の比較

ウォーターフォール型開発技法

経営戦略及び情報戦略同時策定	経営改革、情報化企画同時策定	各種資源調達・システム開発	経営改革、テスト導入同時実行	経営改革の運用及びデリバリーを同時実行

← ユーザー → ← ベンダー → ← ユーザー

アジャイル型開発技法

イテレーション1（反復）	イテレーション2（反復）	イテレーション3（反復）
Plan → Do → Check → Action（サイクル）	Plan → Do → Check → Action（サイクル）	Plan → Do → Check → Action（サイクル）
2〜3週間で回す	2〜3週間で回す	2〜3週間で回す
ユーザーとベンダーの協同作業	ユーザーとベンダーの協同作業	ユーザーとベンダーの協同作業

ツール274 マインドウェア革新

分類	項目	計画	①	②	③	④	⑤	⑥	モニタリング
ビジョン	IT投資効果	計画	マインドウェア	ヒューマンウェア	コミュニケーションウェア	ソフトウェア	ハードウェア		モニタリング
ビジョン	ビジネス統合戦略	計画	マインドウェア	ヒューマンウェア	コミュニケーションウェア	ソフトウェア	ハードウェア		モニタリング
ビジョン	成功要因マネジメント要件	計画	マインドウェア	ヒューマンウェア	コミュニケーションウェア	ソフトウェア	ハードウェア		モニタリング
戦略	事業ドメイン	計画	外部環境	内部環境	事業ドメイン	顧客ニーズ	コアコンピタンス		モニタリング
戦略	経営目標・経営改革	計画	経営計画	IT戦略	財務戦略	マーケティング戦略	戦略の整合性		モニタリング
基本思想	人事・組織・業績評価	計画	組織体制	責任・権限	目標・体制	継続的改善	公正な業績評価		モニタリング
基本思想	企業文化・価値観	計画	自由闊達な風土	一致団結し行動	価値基準	自主性・創造性	向上心		モニタリング
基本思想	顧客・従業員満足度	計画	顧客価値実現	顧客満足	従業員満足	オープンな経営	福利厚生の充実		モニタリング
基本思想	リーダーシップマネジメント力	計画	リーダーシップ	経営幹部の役割	価値観の共有1	価値観の共有2	マネジメントシステム		モニタリング
基本思想	経営理念・ビジョン・倫理	計画	経営理念	経営ビジョン	価値提案	革新志向	企業倫理		モニタリング

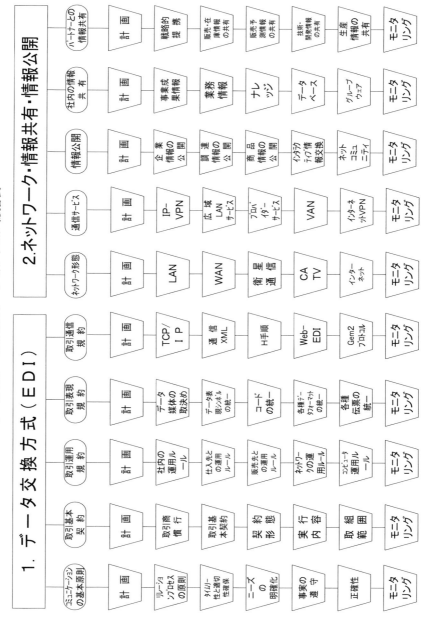

付属資料　MMMメソッドのツール集

ツール295　POS端末の変遷

年代	POS名	POS・OS	価　格(概略)	特　徴
1980〜	〔POS第1期〕 汎用機POS	独自POS 各社独自のOS	スキャナ　30万円 POS　100万円 サーバー800万円	バーコードスキャナ入力 POS端末 コントローラ
1995〜	〔POS第2期〕 パソコンPOS	Windows OS	スキャナ　10万円 POS　　30万円 サーバー　20万円	バーコードスキャナ入力 POS端末 コントローラ
2012〜	〔POS第3期〕 モバイルPOS （クラウドサービス）	iPhone / ios iPad / ios グーグル Android	ライセンス料　168,000円 POS　100,000円 月間　1,600円/レンタル 〜 （月間5,000円/レンタル）	音声認識機能 O2O機能の強化 電子サイン認証 電子マネー対応
2014〜	〔POS第4期〕 ウェアラブルPOS ・メガネ型 ・服に着装した電極 ・リストバンド型 ・スポーツ用品に着装	Android OS iOS	29,800円／端末 〜 3D…35,000円／端末	・眼の動きを取得 ・心電を取得 ・取得した情報を送信 コントローラディスク タグリーダー センサー ヘッドマウント ディスプレイ

ツール298　セブン＆アイホールディングスのオムニチャネル

お客様
スマホ

↓↑

セブン＆アイネット

↓

| イトーヨーカ堂 | そごう百貨店 | 西武百貨店 | Loft | アカチャン本舗 |

↓

専用物流センター（300万商品を集約）

↓

自宅　　　コンビニで受け取り／返品

ツール299　ローソンにおけるオムニチャネル戦略

お客

ローソン
情報端末「ロッピー」
- 画面
- 電話で注文
- レジで支払
- 注文書

1万2000店対応
200店から開始（静岡県）2015年春

アマゾン
オペレーターが対応
〔数千万品目〕
- 画面（コールセンター）
- 電話
- 物流センター
- ピッキング
- 梱包
- 配送

入荷 → お渡し

2日後〜3日
持帰り
スマートフォンの提示

228

ツール304　セキュリティソフトウェア

セキュリティソフト類型	ソフトウェアの内容
ウィルス・スパイウェア 対策・不正侵入	① 感染ファイルの駆除 ② 脅威報告 ③ 予約検索 ④ 簡易検索 ⑤ ファイアウォール
迷惑メール対策	① 迷惑メール対策 ② メール内のURL危険度 ③ Webメール内のURLの危険度 ④ 外国メールのブロック ⑤ 詐欺メール対策
有害サイト対策	① フィッシング対策 ② 有害サイト規制 ③ 安全性評価 ④ SNSのURLの安全性 ⑤ URLのフィルタリング
複数PC管理 個人情報保護	① リモート管理 ② リモート検索の実行上の課題 ③ 個人情報の保護
その他のサービス 機能	① 暗号化 ② PC盗難対策 ③ PC内クリーナー ④ セキュリティレポート ⑤ クレジットカードの保護

参考：セキュリティ・ウィルス対策ソフト比較TOP
このサイトにアクセスして検索すると、条件に合ったソフトウェアが検索できるようになっている。

ツール305　コミュニケーションソフトウェア

機　能	ソ　フ　ト　ウ　ェ　ア
電子コミュニケーション	① 共同会議:電子的に共同で会議すること ② 非同期会議:入出力の完了を待たずに入出力処理をする ③ 電子メール:コンピュータネットワークを利用して郵便のように情報交換 ④ ファックス:画像情報を遠隔地に伝送する機器 ⑤ SNS:インターネット上の交流を通して、社会的ネットワークを構築すること
電子会議ツール	① インターネットフォーラム又はディスカッションボードと呼ばれるプラットフォーム ② オンラインチャット:リアルタイムメッセージを容易に管理するプラットフォーム ③ テレフォーニー:電話は、ユーザー相互が容易に管理できる ④ ビデオ会議:ビデオ信号とオーディオ信号を作った会議を行う ⑤ 電子会議システム(EMS):参加者を分散収容する任意の場所で行うシステム
共同管理(コーディネーション)	① 電子カレンダーともいわれる時間管理ソフトウェア ② プロジェクト管理システム:プロジェクトのスケジュールの追跡 ③ オンラインプルーフィング:シェア、レビュー、承認を行う ④ ワークフローシステム:プロセス内のタスクやドキュメントの共有 ⑤ 知識管理システム:収集・整理・管理をし情報を共有する
電子掲示板(BBS)機　能	① インターネット総合掲示板 ② インターネット専門掲示板 ③ インターネット画像掲示板 ④ 地方ローカル掲示板 ⑤ P2P 掲示板
ライブラリー機　能	① 動的ライブラリー:表計算プログラム add-in 等の機能が典型 ② リモートライブラリー:離れた場所からのライブラリーがコントロールできる ③ 共有ライブラリー:ディスクやメモリー上のコードの共有 ④ オブジェクトライブラリー:現在は余り使われていない

ツール315-4　ビジネスモデルの要素

成功するビジネスモデルは、例外なく互いに関連しあう下記の要素で構成されている

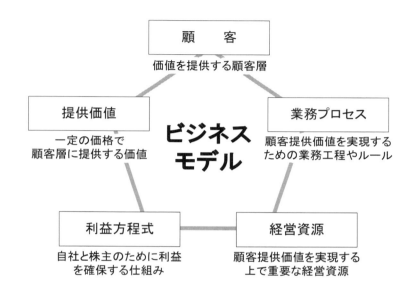

出所：マーク・ジョンソン『ホワイトスペース戦略』（CCCメディアハウス）と三谷宏治『ビジネスモデル全史』（ディスカヴァー・トゥエンティワン）をもとに明治大学大学院・首藤明敏教授作成

ツール336　知的資産経営

「**知的資産**」とは、**人材、技術、組織力、顧客とのネットワーク、ブランド**等の目に見えない資産のことで、企業の競争力の源泉となるものです。これは、**特許やノウハウ**などの「**知的財産**」だけではなく、組織や人材、ネットワークなどの企業の強みとなる資産を総称する幅広い考え方であることに注意が必要です。

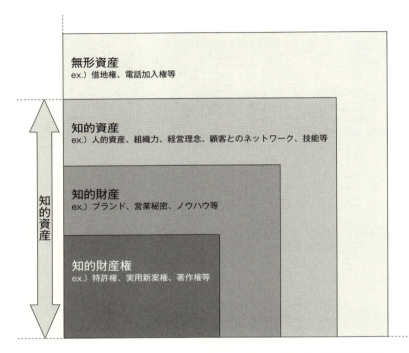

出所：中小企業基盤整備機構「知的資産経営マニュアル」

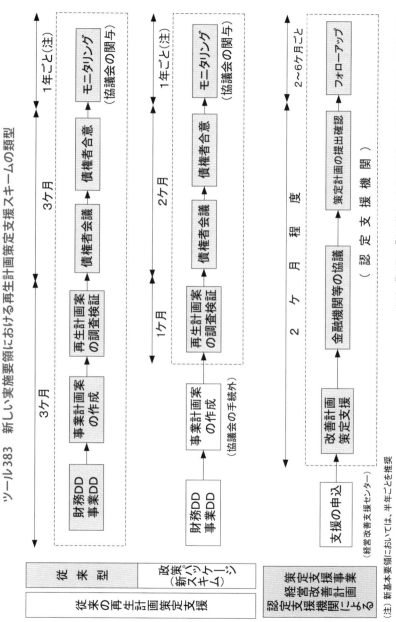

ツール383　新しい実施要領における再生計画策定支援スキームの類型

出所：藤原敬三『実践的中小企業再生論』金融財政事業研究会を参考に作成

付属資料　MMMメソッドのツール集　233

ツール388　事業再生の可能性基準

1　現状分析と再生可能性のプロセスと期間
　①経営者評価と代替経営者の可能性
　②B/S改善によるキャッシュフロー確保の可能性
　③メインバンク等債権者の協力度
　④事業再生か清算か
　⑤私的再生手続きか法的手続きか

2　経営不振企業の基準
　①債務者区分・再建区分による基準
　②再生可能対象となる経営不振企業
　③要注意先に対する再生可能性
　④要管理先に対する再生可能性
　⑤破綻懸念先に対する再生可能性

3　定量分析による再生可能性判定基準
　①貸借対照表による判定基準
　②損益計算書による判定基準
　③債務返済状況による判定
　④キャッシュフロー対有利子負債による判定
　⑤DCF法による企業価値判定

4　要素整備度分析による再生可能性判定基準
　①レベル1の5つの構成要素現状成熟度評価
　②レベル1の5つの構成要素革新後成熟度評価
　③現状から革新後の成熟度向上による改善取得想定ポイントの算出
　④業種別特性要素と経営状況（赤字企業、黒字企業、再生企業）による調整
　⑤改善経常利益率の算出と改善経常利益高の予測

5　定性分析による再生可能性判定基準
　①経営者の再生への熱意と意識革新への挑戦意欲
　②SWOT分析と成功要因が確立されているか
　③新戦略ドメインとコアコンピタンスは策定されているか
　④改善テーマとマネジメント要件は確立しているか
　⑤KGI／KPIは確定しているか

ツール398　モニタリングから民間支援につながる中小企業再生支援協議会支援ノウハウ研修

大　項　目	中　項　目	詳　細　項　目	
Ⅰ.中小企業再生支援協議会の原則	1.再生支援業務の三原則	(1)中立的立場の第三者機関　(2)秘守義務を厳守　(3)事業の見直し	第一日（6時間）
Ⅱ.中小企業再生支援協議会の運用面	2.再生計画策定支援に関する運用面の三原則	(1)財務及び事業実態の把握　(2)再生計画の内容に係る基準 (3)関係金融機関からの同意	
	3.実務の流れ	(1)一次対応の実務　(2)ボーダーラインにある債務者への対応 (3)二次対応の実務 (4)協議会が債務免除を含む再生計画を策定する場合 (5)平成17年度税制改正を活用する場合の留意点(6)信用保証協会による保証付債権の等価譲渡による求償権放棄及び不等価譲渡を行う場合の留意点 (7)信用保証協会による債権消滅保証を行う場合の留意点 (8)保証協会による求償債務免除への対応 (9)金融機関の特込安保への対応	
	4.個別支援チーム作業内容と窓口専門家の役割		
Ⅲ.支援業務内の各調査報告書の形式とポイント	5.財務調査報告書の形式とサンプル	(1)必要記載事項・財務 (2)財務調査報告書（財務DD）の報告形式 (3)その他留意事項	第二日（6時間）
	6.事業計画調査報告書の形式とサンプル	(0)必要記載事項 (1)事業計画策定までのプロセス（補足事項） 　①企業の概況 　①外部環境 　②内部環境分析　②-1機能別デューデリ　②-2過去の決算DD 　③SWOT分析によるまとめ　③-1鮒境の原因 　④事業計画の骨子　④-1機能別リニューアル　④-2企業再生期待効果 　⑤事業計画の実現可能性　　　　　　　　　④-3再生手法の選択 　⑥事業計画の実現性について 　⑦留意事項 (2)事業計画調査報告書の形式とサンプル（完成版）	第三日（6時間）
	7.再生計画調査報告書の形式とサンプル	(1)再生計画調査報告書の形式 (2)必要記載事項	
Ⅳ.モニタリングのポイント	8.モニタリングの意味	(1)フォローアップ方針の策定 (2)総括表などによる通常レベルのモニタリング手法 (3)深堀したモニタリング手法	第四日（6時間）
	9.再生支援協議会の役割		

ツール400　深掘りした業務リストラ実施状況のモニタリング例

（事業リストラ、業務リストラの結果の費用項目別改善実績のモニタリング例）

削減対象費目	削減テーマ例 （具体的な実行案を別途作成）	○年度実績	3年での実現削減目標額	3年での実現削減率	実行初年度	2年度	3年度	…	10年度
販売費・一般管理費の削減									
人件費									
役員報酬	社長・専務等の役員報酬削減、不勤役員の退任								
その他人件費	販売、事務、物流の作業効率向上と人員減								
販売経費									
地代家賃	本社・営業所等の地代・家賃の交渉による値引き								
広告宣伝費	展示会、HP、カタログ・会社案内、その他広告費の効果的活用への絞り込み								
接待交際費・会議費	接待・贈答の絞り込みによる徹底的な削減								
諸会費	必須のものを除いて脱会								
通信費	携帯電話の契約、使用方法の見直し、定置電話の見直し（IP電話化など）								
旅費・交通費	的確な管理による販売員旅費の削減								
車両費	必要車両数、種類の見直し、走行管理								
事務用品・備品費	備品・事務用品等の見直し・的確な管理								
水道光熱費	電気、水道の無駄排除								
減価償却費	情報システム								
物流経費	梱包方法、輸配送方法、借り倉庫、作業外注等の見直し								
販管費削減額合計									
製造原価の削減									
原材料・部品費	発注価格管理、値引き交渉、2社購買など								
ユニット費・製品費	発注価格管理、値引き交渉、3社購買など								
人件費									
直接人件費	計画的作業、トラブル防止、作業効率向上、製品設計の見直しなどによる工数削減（人員、残業の削減）								
間接人件費	作業効率向上、無駄な作業の排除								
外注加工費	的確な価格管理、作業内容管理による削減								
製造経費									
光熱・水道費	省エネの実行による削減								
減価償却費	現状の製造設備の減価償却費の低減								
修繕費	（日頃の維持対応の向上）による建物、設備の修繕費低減								
賃借料	交渉による建物等の賃借料低減								
支払リース料	現状の情報システム（リース切れ）								
消耗品費	的確な管理と使用による削減								
旅費・日当	現地調整期間の短縮による削減								
製造費削減額合計									
削減額合計									
コスト増要素									
人件費									
販管部門人員賞与	2年目から実施								
製造部門人員賞与	2年目から実施								
ベースアップ	3年目から実施（年間○％）								
情報システム投資コスト	新情報システム導入によるリース料・保守料								
コスト増合計									
差し引き削減額									

出所：（一社）中小企業診断協会『「中小企業再生支援協議会業務」対応・診断士マニュアル策定のための調査研究報告書』をもとに加筆修正

参考文献

経済産業省経済産業局産業資金課「ローカルベンチマークについて」
経済産業省経済産業政策局「ローカルベンチマーク活用行動計画」
中小企業庁「中小企業等経営強化法について」
中小企業基盤整備機構「知的資産経営のステップ」
中小企業基盤整備機構「事業価値を高める経営レポート」
中小企業基盤整備機構「知的資産の分類」
中小企業基盤整備機構「KPI・KGIのイメージ例」
中小企業基盤整備機構「KPI・KGIの設定事例」
全国商工会連合会「経営改善計画書記入例」
経済産業省HP「ローカルベンチマーク」
経済産業省HP「知的資産経営ポータルサイト」
中小企業庁HP「経営サポート　経営強化法による支援」
金融庁「金融検査マニュアル」
金融庁「金融検査マニュアル別冊〔中小企業融資編〕」
金融庁検査局「金融検査マニュアルに関するFAQ」
金融庁「監督指針」
中小企業再生支援協議会事業実施基本要領
中小企業庁金融課「中小企業再生支援協議会の活動状況について」
経済産業省産業厚生課「事業再生ADRについて」
日本政策投資銀行HP
一般社団法人中小企業診断協会『「中小企業再生支援協議会業務」対応・診断士マニュアル作成のための調査研究報告書』（平成19年度調査・研究事業）

■編著者

小林　勇治（こばやし　ゆうじ）　　　　　　　　（第1章1～2，第2章1～3執筆）

明治大学専門職大学院グローバルビジネス研究科修了（MBA）。中小企業診断士，ITコーディネータ，日本NCR㈱に17年勤務後独立。現在，早稲田大学ビジネス情報アカデミーCIOコース講師，イー・マネージ・コンサルティング㈿代表理事，㈱ミーコッシュ経営研究所所長，（一社）東京都中小企業診断士協会中央支部顧問，（一社）日本事業再生士協会理事，東京都経営革新優秀賞審査委員長，日本で一番大切にしたい会社大賞審査員。著書・編著『中小企業の正しいIT構築の進め方』（同友館）ほか157冊

筒井　恵（つつい　めぐみ）　　　　　　　　　（第1章3，第3章3，第4章2執筆）

㈲リンク・サポート代表取締役。中小企業診断士，認定事業再生士（CTP），ITコーディネータ，千葉商科大学客員講師，かがわ産業支援財団専門家。東京都・神奈川県・香川県・長野県他，中小企業再生支援協議会専門家。㈱マルナカ（現イオン）電算室SEを経て，中小企業診断士取得，独立。夫の会社の破産から著書『会社の正しい終わらせ方』（日経BP社）を出版。現在，IT活用支援，再生支援を中心に全国の中小企業を支援している。

■著者

神吉 耕二（かんき こうじ）　　　　　（第2章4～6，第3章2・4，第4章1・3執筆）

神吉マネジメントコンサルティング代表。中小企業診断士。早稲田大学社会科学部卒，シェフィールド大学MBA修了。阪和興業，セブン-イレブン・ジャパン，日本オラクルを経て，独立。（一社）埼玉県中小企業診断協会理事。中小企業を元気にするべく，事業再生，新事業開発支援，経営戦略・マーケティング戦略策定支援を中心に活動を展開。

五島 宏明（ごしま ひろあき）　　　　　（第1章4～6，第3章4～5，第4章6執筆）

ヒロパートナーズオフィス代表。中小企業診断士。1962年岐阜市生まれ。青山学院大学経営学部卒。修業後，祖父創業の子供服専門店へ入社，平成4年三代目社長に就任。同社をSPAに転換し業界でも話題となるが平成19年に倒産。様々な仕事を経て平成22年に中小企業診断士となる。現在はブランディングを主軸に，知的資産経営による事業性評価・事業再生・事業承継支援を行う。著書『三代目が会社をつぶす!?』（同友館）

杉本 良人（すぎもと よしと）　　　　　（第3章1・4・6，第4章4～5執筆）

杉本経営事務所代表。中小企業診断士。【認定】経営革新等支援機関。1952年金沢市生まれ。慶應義塾大学経済学部卒。㈱北陸銀行にて融資・国際業務担当後，杉本商事㈱取締役副社長を経て現職。経営戦略策定・事業再生・経営改善支援，資金調達等の金融支援が主業務。

2017年5月25日　第1刷発行

「金融仲介機能のベンチマーク」と企業再生支援
～金融検査マニュアルによる資産査定から事業性評価への大転換～

編著者　小林勇治
　　　　筒井　恵

発行者　脇坂康弘

発行所　株式会社 同友館

〒113-0033 東京都文京区本郷3-38-1
TEL.03(3813)3966
FAX.03(3818)2774
http://www.doyukan.co.jp/

落丁・乱丁本はお取り替えいたします。
ISBN 978-4-496-05266-8

西崎印刷／萩原印刷／松村製本所
Printed in Japan

本書の内容を無断で複写・複製（コピー），引用することは，特定の場合を除き，著作者・出版者の権利侵害となります。